Amor Estratigráfico

La radionovela arqueológica

EL LIBRO

Ed. Juan I. García

Este libreto cuenta con una licencia de **Creative Commons 4.0 BY-NC-ND**, lo que te permite usarlo a tu gusto citando y sin lucrarte. Respeta la creatividad de los autores que han participado en él.

Primera edición, abril de 2020
*durante el frío confinamiento ante la COVID-19

Una acción de A.(R)E.A.
Promovida por Arqueoart (www.arqueoart.es)
Editada por JAS Arqueología (www.jasarqueología.es)

ISBN: 978-84-942110-3-4
D. Legal: M-10572-2020

Impreso en España - *Printed in Spain*
...por Service Point (www.servicepoint.es)

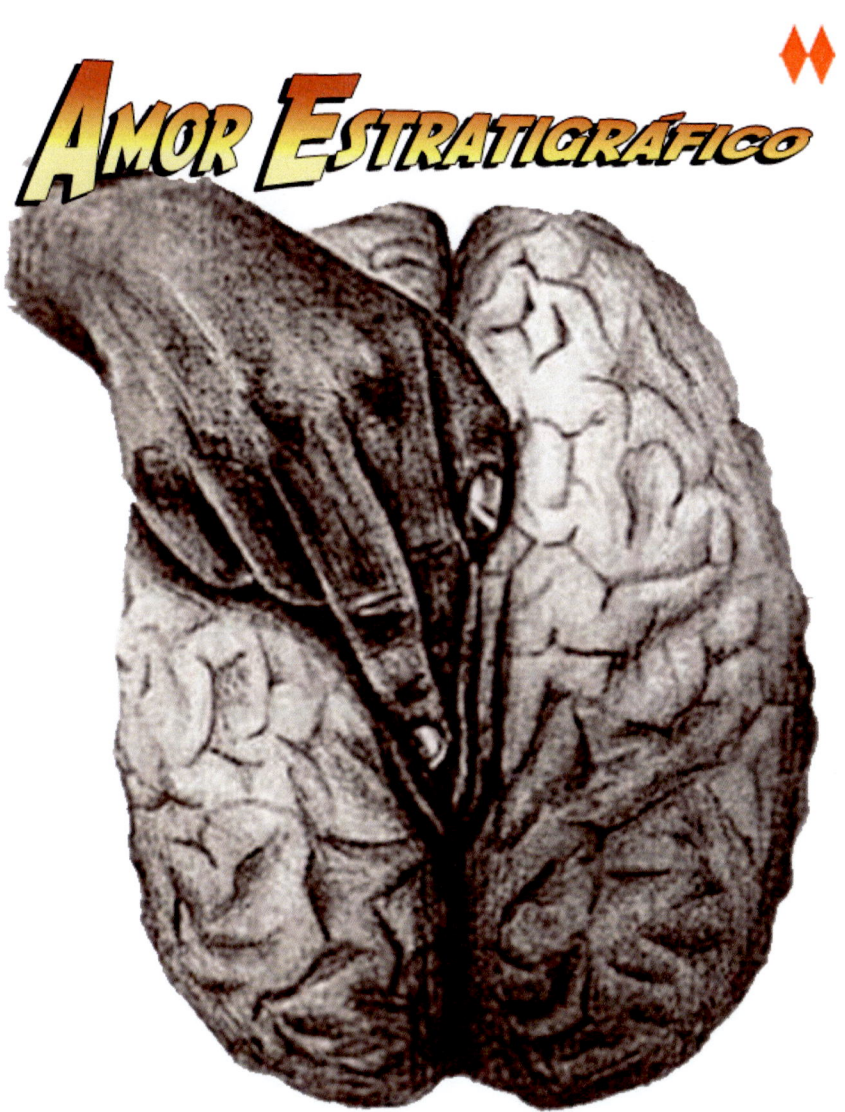

In memoriam

A mí Lancia me pillo a una edad en la que los niños piensan que ser arqueólogo es más parecido a Indiana Jones que a transportar carretillas de tierra. De Lancia aprendí más de lo que esperaba, viví de primera mano la pasión de mi padre, estuve descifrando cómo eran los que vivían antes que yo y, a todo esto, solo se le puede llamar suerte. Me considero una niña afortunada de que mi primer carné de conducir fuese para carretilla y de que mis veranos tuvieran parada obligatoria en esas ruinas al sol. El tiempo me ha enseñado que más allá de ser unas simples ruinas, en Lancia se han construido relaciones, deducciones, estudios y, sin quererlo, también mi educación.

Cristina Liz Amaré

Incipit

PRÓLOGO

Juan I. Garcia

Y qué podemos decir sobre este escrito¹...

1 Nuestra intención era hacer como «(...)... la mayoría de los historiadores profesionales y otros estudiosos de principio del siglo XX. Bajo la influencia de las universidades alemanas, estos profesionales habían tratado de obtener un rigor cada vez más científico en sus investigaciones y escritos, pero el resultado fue que las publicaciones tendieron a ser cada vez más abstrusas. Los trabajos terminaron repletos de innumerables notas a pie de página, y casi se alcanzó el punto en el que el summun bonum, lo máximo, de los logros académicos era escribir una página que incluyera una sola línea de texto seguida de una o varias notas eruditas a pie de página» (Tilden 1977: 24). En donde la expresión summun bonum —expresión utilizada en filosofía y que fue manejada por Inmanuel Kant para describir la importancia definitiva, el fin último y lo más singular que los seres humanos deben seguir— en este caso está describiendo justamente la antítesis, lo antagónico, la paradoja o incluso el oxímoron ante frases superlativas como clase magistral de ese erudito dialéctico que hoy en día se podría asemejar a la multitud de congresos Tell & go —la versión académica de «echamos uno y déjame dormir»— sobre «medición» de proyectos arqueológicos y/o patrimoniales, que al igual que en tareas de medición propiamente dicha —se entiende como un acto para determinar la magnitud de un objeto en cuanto a cantidad—, tiene los mismos problemas de base, es decir errores sistemáticos, errores aleatorios, errores absolutos y errores relativos. Los errores sistemáticos son aquellos errores que se repiten de manera conocida y que permiten corregirlos a posteriori, es decir, parte o partes de nuestro discurso que sabemos que son erróneos pero que nos permiten un análisis ulterior explicando un hecho por nosotros conocido o intuido. Los errores aleatorios, los más difíciles de encasillar pero producidos por una falta de calidad en la medición, o mejor dicho, en nuestra investigación, se producen de modo no regular, sin un patrón predefinido, variando en magnitud y sentido de forma aleatoria, siendo por tanto muy difíciles de prever. Si bien no es posible corregir estos errores en los valores obtenidos, frecuentemente es posible establecer su distribución de probabilidad, que muchas veces es una distribución normal, y estimar el efecto probable del mismo, lo que permite establecer el margen de error debido a errores no sistemáticos, o lo que es

lo mismo, la probabilidad de calibrar nuestro estudio o investigación sabiendo que un tanto por ciento del mismo está a expensas de ulteriores proyectos, investigaciones o investigadores que sean capaces de despejarnos el margen de error al mínimo establecido por la comunidad científica —entendiendo margen de error como el error que surge a causa de observar una muestra de la población completa, cuestión esta que nos pasa con regularidad cuando distinguimos una cultura por un o unos pocos asentamientos y una cantidad relativa de objetos— o dulcificándolo un poco utilizando los parámetros de aquellos relativos a la psique humana o de los pueblos o utilizando frases como «nivel revuelto» u «objeto ritual»; dejando de lado el origen de los errores, si nos pasamos a su cuantificación, encontramos por una parte los errores absolutos, que es la diferencia entre el valor tomado y el valor medido como exacto, y los errores relativos, definiéndolo como el cociente de la división entre el error absoluto y el valor exacto. Cualquiera de los dos está dentro del maravilloso mundo de la cuantificación —ya sea estadística, patrimonial o arqueológica, que podríamos calificar como «una cuestión de prestigio para una disciplina que quiere ser "científica" el que los métodos cuantitativos interpreten un papel clave. La arqueología se habría limitado a seguir esa tendencia, adoptando la imagen del "arqueólogo de bata blanca"» (Sheenan 1992: 18)—, aunque parte del problema reside en la mentalidad Thomseniana de que una cultura o sociedad pasa por momentos de génesis, arcaicos y/o de experimentación de principios/errores [sic], momentos de auge, apogeo e intensidad donde se enmarcan las plenas tipologías de esa cultura o pueblo, y momentos de decadencia y ocaso, donde las características promovidas como momento «álgido» son sustituidas por otras de mayor o menor cuantía —«Periodo de imperfección, otro de plenitud y otro de decadencia, pero no por cuestiones técnicas, sino morales» (Winckelmann 1764). De esta concepción radica esta serie de errores cuantificables pensando que existe un momento top de esta cultura, y si no encontramos ese dichoso nivel —como le ocurrió a Schliemann— todo lo restante no será tan importante como habríamos creído en un primer momento. Si pensamos «medir» nuestro proyecto con otros proyectos afines, en tantos y tantos congresos que sirven para «medirse» proyectos y ver qué grandes y bonitos, y con qué medios cuentan, y cuantas cosas interesantes nunca antes vistas son capaces de contarnos a cuentagotas, puede que tropecemos en la piedra Rosseta, y que caigamos en estos clichés que hemos relatado para uso y disfrute del personal. Aunque como bien dice el autor antes mencionado «...al estudioso le importaba cada vez menos que el producto de sus investigaciones solo fuera comprensible para unos cuantos colegas ilustrados. Pobre del presunto estudioso que intentara que sus escritos fueran inteligibles para el lector normal; si se le quería condenar, todo lo que había que hacer era tildarlo de divulgador. Se comenta que un distinguido historiador observó que si los escritos de historia eran comprensibles para las personas normales, entonces simplemente es que no se trataba de una historia adecuada» (Tilden 1977: 24-25). Esperemos que estas líneas sirvan para ilustrarnos a todos, aunque solo sea un poco.

INTRODUCCIÓN

Juan I. Garcia

Explicando el proyecto

Cuando hablamos con otras personas ajenas a nuestra profesión, la gran mayoría de las veces no conversamos, sino que nos dedicamos a una especie de monólogo contestatario donde tenemos que explicar cómo se construyeron las pirámides, desmontar el tema de los ovnis, explicar que la evolución existe o intentar apartar de la cabeza esa imagen de Indiana Jones como el clásico arqueólogo[1].

---

[1] Aprovechamos estas líneas para pedirle al público en general, que ya que van seguir con las mismas preguntas, que pueden cambiar por otras imágenes visuales cinematográficas según en qué temas quieran incidir, para dejar tranquilo al pobre Indy: Si nos centramos por la imagen aventurera, pueden utilizar cualquiera de Allan Quatermain (Las Minas del Rey Salomón. J. Lee Thompson, 1985), o Lara Croft (Lara Croft: Tomb Raider. Simon West, 2001); Si cogemos un imagen «un poquito más realista», podemos ver la saga del Archivero (The Librarian. Quest for the Spear. Peter Winther, 2004; The Librarian: Return to King salomon´s mines. Jonathan Frakes, 2006; The librarian: Curse of Judas Chalice. Jonathan Frakes, 2008); Si lo que queremos es observar «algo de nuestra parte científica», aquí entra la saga alemana de Eik Meiers (Die Jagd nach dem Schatz der Nibelungen. Ralf Huettner, 2008; Die Jagd nach der heiligen Lanze. Florian Baxmeyer, 2010; Die Jagd nach dem Bernsteinzimmer. Florian Baxmeyer, 2012); Pero si lo que queremos es tener una visión seria y muy aproximada a nuestra profesión, recomendamos la película de Antonio Banderas que suelen poner en Semana Santa (The Body. Jonas McCord, 2001).

Harto de recitar lo mismo —como ya le pasó a la señora Christie[2]— soñábamos con la idea de realizar alguna actividad que fuera realista con nuestra profesión. Y aquí es donde el destino aparece, y una frase de Friedrich Nietzche nos puso en situación.

«La potencia intelectual de un hombre se mide por la dosis de humor que es capaz de utilizar».

Con motivo del 75º aniversario de la locución de la *Guerra de los Mundos* de H.G. Wells, la Academia de la Radio realizó el 30 de octubre de 2013 en el teatro Mira de Pozuelo (Madrid) una adaptación llevada a cabo por grandes voces de la radio española[3], y nos dimos cuenta de la belleza que tiene la palabra. En ese momento, nos planteamos la idea de «novelizar» ideas y comentarios afines de la misma manera que hace años hicieran los fantásticos *Potasio Argón*[4].

¿Cuál fue la idea primigenia? Hacer pública una realidad que no se da a conocer mediante un lenguaje y prosa que nada tiene que ver con las formulas habituales. Mediante este formato, podemos contar historias que nos han pasado y que son el punto de partida para explicar unas realidades. Utilizamos esta vía para poder decir aquellas cosas que en otros formatos no podemos/queremos y que al estar novela-

---

2 «Este libro es una respuesta. La respuesta a una pregunta que me hacen con harta frecuencia. O sea que tú haces excavaciones en siria, ¿no? háblame de eso (...) La mayoría de la gente, probablemente, no tiene el menor interés en saberlo (...) es la misma pregunta que la Arqueología le plantea al pasado: ven y dime como vives (...) Una advertencia para evitar decepciones. Este libro no es profundo, no te aportará consideraciones interesantes sobre la arqueología, no habrá hermosas descripciones de paisajes, ni tratará problemas económicos, ni reflexiones raciales, ni historia. Es en realidad, un entretenimiento... un librillo lleno de quehaceres y acontecimientos cotidianos» (CHRISTIE MALLOWAN 1946: 21-22).

3 < https://www.youtube.com/watch?v=vjpl_MJWrGo >

4 Potasio Argón rules! Palea jacta est < http://www.goear.com/listen/ee9bced/palea-jarta-potasio-argon > Dame UE < http://www.goear.com/listen/a30772b > Esta es mi cata < http://www.goear.com/listen/d333a98/esta-es-mi-cata-hijo-de-puta-potasio-argon>

Introducción - Juan I. García 5

do y estar basado en historias ¿ficticias? dan lugar a explicar otra realidad.

Al estar en un mundo hiperconectado, no podemos hacer oídos sordos al mundo tecnológico y a la red de redes, por lo que tenemos que realizar apuestas en el horizonte 3.0, así que se nos ocurrió realizar la primera radionovela de temática arqueológica, llamada *Amor Estratigráfico*[5].

Nuestra Historia es sencilla, trata de la vida misma, pero de vidas como la nuestra, que hemos compartido o llevado en algún momento de nuestro currículo profesional, pero sin caer en estereotipos creados por los *mass media* o temas costumbristas tan de moda en la teleseries de factura patria.

Este proyecto nace con una idea clara: **socializar** la arqueología, hacerla más pública. Utilizar un medio hoy por hoy en desuso para contar unas historias, unas verdades y unas realidades, y alejarnos de algún modo de las grandes *visiones* de la arqueología que dan los grandes documentales, esas miradas casi siempre arquitectónicas de culturas del pasado ya desaparecidas.

Uno de los objetivos de este proyecto es presentar la Arqueología de una forma amena, divertida, irónica pero incisiva científicamente, donde gracias a la utilización de un formato 3.0, poder presentar temas, personas, escenarios de una realidad, y hacerlo asequible al gran público, gracias a la difusión que nos dan las redes sociales y la red de redes. Aparte de esto, utilizamos estos caudales como un medio de adaptabilidad de contenidos a ciertos colectivos con algún tipo de discapacidad. Si tenemos 5 sentidos, ¿por qué tan pocas veces adaptamos contenidos a todos los sentidos posibles?

Esta propuesta surge con una noción clara de **comunidad**, es decir, que todos aquellos que quieran participar, co-

---

5 < http://amorestratigrafico.blogspot.com.es/p/el-proyecto.html>

laborar, decir todas esas cosas que en otros formatos no son adecuadas, lo hagan gracias al poder de las ondas[6].

Pero bueno, volviendo a nuestro valle de lágrimas —pero que tiene unos promontorios cercanos con una gran visibilidad, incluso se ve el mar— solamente podemos terminar dando las gracias a todos aquellos que participan, participaron y participarán en esta dinámica, y en aquellos recuerdos de los que se nutre este proyecto. Solamente se trata de un proyecto de arqueología pública y social donde desgranaremos las vicisitudes internas y externas de nuestra ciencia y profesión, donde no podrá faltar la pasión, los torsos desnudos, fichas de UE manchadas de tierra, paletines sudados y, como no, un triángulo escaleno amoroso.

And Now for Something Completely Different...

Para concluir, nuestra intención con estas líneas era poner el acento en una realidad común a todos los que nos dedicamos a esto ya que es posible que estemos realizando actividades que sean peor el remedio que la enfermedad.

Esa mas, lo podríamos explicar de forma seria —o no.

«A partir del s. XVII habrá un cambio conceptual de la reacción hobbesiana burlona del homo homini lupus, a una reacción cognitiva del homo ludens, (...) con un fuerte énfasis en la razón, la tolerancia y el humanitaris-

---

[6] Este proyecto está abierto de par en par a colaboraciones de tod@s aquell@s que quieren participar y divulgar excavaciones, teorías, Cultura y Patrimonio, así que no dudéis en hacerlo. Ahora que estamos hiperconectados, utilicemos esa conectividad para un provecho común. Escuchadlo. Acto seguido a la escucha con los ojos abiertos mirando la pantalla, hacerlo con los ojos cerrados, solo escuchadlo.... en compañía de otros colegas, de otras personas relacionadas o no, comentadlo entre vosotros o en la red. Difundidlo. Disfrutadlo, del mismo modo que se huele el olor del campo después de la lluvia. Pensadlo, escuchad el silencio... El silencio es una conversación necesaria con uno mismo... pues eso.

mo. Y de esta vertiente de donde surge la teoría de la incongruencia que compite con la teoría de la superioridad y domina la investigación actual acerca del humor (Morreall, 2008.225) y es la teoría de la risa y el humor más aceptada actualmente (Glueck, 2001:27); cuya idea básica es muy simple: Vivimos en un mundo ordenado y conocido donde suponemos ciertas pautas sobre lo que nos rodea; y cuando experimentamos algo que no encaja en esas pautas y rompe el orden y nuestras expectativas, se crea una brecha entre lo que uno espera y lo que realmente sucede, y de ahí surge la incongruencia o ambivalencia que es lo que nos causa la risa. En otras palabras, la risa es una reacción a algo incongruente, esto es, a algo que no encaja en nuestros patrones mentales ordinarios.

Esta es la principal manera de crear humor, se produce un conflicto entre lo que espera que ocurra, nuestras expectativas, y lo que ocurre realmente (…) aunque lo cierto es que la incongruencia es parte de la condición humana, ya que podríamos decir que el hombre se halla en un estado de discrepancia cómica con el universo y esa es la razón por la cual Don Quijote es una encarnación tan poderosa y perdurable del espíritu cómico».[7]

Intentar explicar nuestro trabajo mediante simulación de una supuesta excavación es algo brillante, pero debemos crear actividades de calidad, donde nuestra meta sea crear conciencia patrimonial, dar a conocer a la sociedad de que los arqueólog@s no vamos en busca de tesoros, de que no es un hobby, de que hay mucho trabajo tanto antes, durante, como después, de que muchas veces lo que menos nos interesa es el objeto, de que lo que encontramos no deja de ser huellas de nuestro pasado, unas veces más alegre y otras más cruel, que todo es importante y que no

---
7 (Várnagy 2016: 66)

dejan de ser restos, pero que esas *partes de un todo* son tanto suyas, como nuestras.

Esperemos que, con la escucha de la radionovela, hayamos socializado, experimentado y hayamos conseguido hacer un poco más pública nuestra ciencia. La puesta en escena —el género chico[8], nos llama muchísimo la atención; siendo familia del maestro Bretón era lo mínimo— la iremos pensando, mientras tanto, embriagaos...

«¡Es hora de emborracharse! Para no ser esclavos y mártires del Tiempo, embriagaos, embriagaos sin cesar. De vino, de poesía o de virtud; de lo que queráis».

Charles Baudelaire

---

[8] Al igual que hizo Enrique Gaspar en su obra Anacronopete en 1887. Una novela con estructura de zarzuela, donde los protagonistas son dos hombres y dos mujeres acompañados de un regimiento de húsares (coro masculino) y otro de prostitutas (coro femenino). La primera novela —anterior en 8 años a la de H.G. Wells— donde se cita una máquina del tiempo, debía tener esta estructura tan de vodevil.

OTRA INTRODUCCIÓN

Jaime Almansa-Sánchez

Era una tarde tórrida, como casi todas las tardes de verano. Uno de los pocos sitios donde podíamos encontrar refugio del calor y el algarabío de las vacaciones era el Centro de Interpretación. Triste realidad. Aún no entiendo cómo se pudieron gastar tantos millones de euros en infraestructuras inútiles que siguen mayoritariamente cerradas.

No recuerdo la hora. Supongo que serían las cuatro, o las cinco, o tal vez más tarde. Puede que ni siquiera fuese una tórrida tarde de verano sino una fría mañana de otoño, pero intuyo que queda más literario y sexy hablar del calor, del sudor y de esa figura fornida cuya sombra se entreveía por el hueco de la puerta. Nunca se me han dado bien las tipologías cerámicas, ni la arqueología más tradicional fuera de la herramienta, así que me ahorraré esos símiles con Dressel que tanto le gustan a JuanI. Al fin y al cabo era él quien se escondía tras las sombras del tejadillo del patio. Con su cuerpo tatuado, sus pintas de motero y una gloriosa barba rubia que siempre le han hecho inconfundible.

—¡Qué pasa Jaime!

—Pues nada, a ver si me das cobijo, que no hay quien aguante en la calle esta tarde.

—jajajaja ¡ya te digo! Pasa al despacho.

El Centro de Interpretación de la minería romana del oro, en El Cabaco, mi pueblo, ha dado mucho juego con los años. Cada vez que me acerco me acuerdo de mil historias de adolescencia. Casi ninguna arqueológica. Tiene un eco asombroso y la voz de JuanI retumbaba con creces ante el vacío que nos rodeaba.

Os voy a ser sincero. No recuerdo cómo empezó todo esto. A pesar de todo, algunas de las últimas locuras que hemos emprendido han comenzado en ese despacho del Centro de Interpretación. Despacho por llamarlo de alguna manera, porque no es más que una suerte de tienda-recepción que hay en la entrada. Si algo bueno tenía ese edificio era el fresco. Aunque lo cierto es que en invierno no se agradecía para nada. Cuando «el internet» estaba allí no había quien mandase un correo electrónico en invierno.

Me he cargado la lívido, pero salvo un intento de micronovela erótica con dinosaurios cuando descubrí el género hace unos años, eso de escribir en caliente no me sale. Y no nos vamos a engañar, es mucho más fácil narrar cómo se enrollan un dinosaurio y una rubia que la relación pseudo-platónica que tenemos JuanI y yo.

En cualquier caso, estábamos ahí. O en un bar. Tal vez fue en uno de esos congresos que pasamos en el pasillo. Y como de costumbre cuando nos vemos, saltan chispas. Para bien.

—Se me ha ocurrido una cosa que vas a flipar.

—¡Sorpréndeme!

—Una radionovela arqueológica.

Ya se me iba viendo una sonrisa.

—Así, como lo oyes. Una excavación de verano y mucho sexo.

¡Maldito mentiroso!

—Mira, tengo ya algunas cosas listas, ¿qué te parece?

Por aquella época tenía un problema. La verdad es que aún lo tengo. No sé decir que no, especialmente cuando hay confianza y suena descabellado. Así que dije que sí, sin más, sin saber a qué ni para qué.

No puedo mentíos. No recuerdo cómo pasó todo esto. Y lo estoy intentando. Llevo unos días pensando y queriendo contar la historia. Recuerdo cuando Ignacio me mandó su «Indianas», con ese fondo azul que sigo odiando. Cómo me lo leí casi del tirón en el aeropuerto de Ámsterdam. Recuerdo esa noche en la heladería de Moncloa cuando Pablo me entregó un tocho en papel con el primer borrador de las historias de Lancaster Williams (spoiler, ¿vuelve?). Y recuerdo cómo se lo leyó mi padre casi del tirón en el autobús de ida y vuelta a Bilbao. Pero no, no recuerdo cómo narices empezó todo esto, ni cómo pasó. ¿Es posible que ya hubiese colgado la promo, o alguno de los capítulos en YouTube? A veces me odio por esto.

—Me parece una idea cojonuda. ¡Me troncho!

Seguro que JuanI me contestó con alguna rima fácil, se le da bien.

—¿Hacemos un libro o qué?

—¡Venga va!

—Cojonudo.

Desde que tío Daniel me llamó Jaime el cojonudo hace como quince años, utilizo demasiado esa palabra, así que una de las pocas cosas de las que estoy seguro es de que la dije al menos un par de veces.

Y el caso es que esto salió adelante. Antes de darnos cuenta había un primer capítulo. El primer libreto estaba en la calle y JuanI lo firmó, lo numeró y lo besó. Lo mismo pasó con el segundo. Recuerdo que me acordé de sus vivos y de sus muertos editando el manuscrito. De los mil signos de ¡¡¡exclamación!!!!!!!! sin correspondencia, de la coma con dos puntos,... Esa ortografía que me supera.

—Se me ha pirado...

—Tronco, te has pasado.

—Tres pueblos, pero es que me he puesto a escribir... ¡Salía solo!

—Ostia...

—¡El puerto de Roma! jajajajaja ... Vas a ver cuando escuches el tercer capítulo.

—Supongo que me cagaré en todo, pero me encantará.

—Hasta con Atapuerca.

—Arsuaga es un imbécil, así que lo que quieras.

Mierda, ya lo he dicho... es que el subconsciente me mata. Pero no me malinterpretes Juan Luis, que esto es solo ficción. Es una radionovela. Soy simplemente el narrador de unos hechos que no han tenido lugar, o sí, pero no así, aunque parecido. No lo voy a negar. No me caes bien. Pero es que siempre que me he cruzado contigo te has portado como un cretino.

El caso es que llegó el capítulo final, y con él tres libretos y la culminación de un proyecto divertido al que habíamos prometido dar forma. El pintalabios se convirtió en un elemento imprescindible de las mesas que poníamos en los congresos y en las ferias, y los dos rombos del logo se hacían patentes cada vez que posábamos con nuestros labios carnosos untados en carmín. Los dobles sentidos volaban por la sala y los libretos volvían a casa aunque a la gente parecía que le hacía gracia el asunto. Los cameos aumentaron considerablemente, la música también, el puerto de Roma, creo que hasta hubo sexo. Nunca lo he tenido claro. No fue conmigo. Ni con JuanI. Hablo de la radionovela. Nadie quiso comprar esa maravillosa cita con nosotros que jamás habrían olvidado. Habríamos cumplido como buenos caballeros.

Tengo que decir la verdad. No sé cómo va a terminar todo esto. Si lees estas líneas es que hemos sacado el libro gordo de Petete, digo de Amor Estratigráfico. Que ha llegado a las librerías y que alguno se ha vendido. Habremos migrado el podcast para que lo puedas escuchar sin tener que entrar en YouTube, incluso habremos montado la fiesta padre para presentar el libro y una gira de verano por las mejores (y las peores) excavaciones de nuestro país.

—¡Ese JuanI!

Me imagino a las multitudes aclamando a esa mente disfuncional que nos está dando tanto en forma de pegatinas, cromos, camisetas y si nos dejan, hasta tangas. Me imagino incluso a alguien llevando ese tanga en alguna excavación como nos llevamos las camisetas de «Apadrina un arqueólogo» a nuestros viajes por el mundo. Lo peor de todo es que acabo de recordar que me tengo que hacer la foto del calendario de 2019. En fin, habrá que ponerse. Y lo peor aún es que estoy corrigiendo este texto en marzo de 2020 gracias al maldito Coronavirus y aún no me he hecho la foto del calendario de 2019.

—¡Qué haces metiendo líneas nuevas en el texto, a mi no me has dejado!

Pero vamos a dejar las tonterías de lado y a centrarnos en el apartado más serio de esta aventura. No dejamos la ficción, porque es una pieza esencial en todo este proceso por el que los nuevos formatos de escritura y comunicación van poco a poco ganando terreno a la divulgación menos banalizada, pero más aburrida. Porque no podemos olvidarnos de que esto es una experiencia para pasarlo bien. Nosotros y vosotros.

Cuando hablo de arqueología pública para las hordas de estudiantes y profesionales de la arqueología, les recuerdo que no hay arqueología sin sociedad ni sociedad sin arqueología. Somos parte de un mismo todo y lo que hacemos unos nos repercute a los otros. No podemos trabajar de espaldas a la gente, porque hay gente que quiere que demos la cara y, a veces, la damos a regañadientes y eso no le hace bien a nadie. Por eso, entre los millones de formas de llegar a la gente que podemos buscar, hay veces en las que tenemos que arriesgar un poco. Arriesgar en formatos, pero también en contenidos, aunque estemos poniendo en riesgo lo que se concibe como arqueología.

Puede que después de escuchar la radionovela no hayas aprendido nada de arqueología, ni del pasado. Puede que la mayoría de los que estéis leyendo estas líneas seáis del gremio y simplemente os queráis echar unas risas. Pero si no lo sois y aún no habéis empezado, os voy a revelar un secreto…

Esto no es sobre el pasado, ni sobre la arqueología. Es sobre nosotros, los seres humanos, porque los que nos dedicamos a esto también somos seres humanos, con sentimientos y una vida, que dedicamos a algo que nos gusta lo suficiente como para ponernos cachondos ante determinadas cosas y hablar de ello en los bares cual Madrid-Barça en la final de la Champions. Porque también nos pegamos.

Pero he dicho que no os voy a engañar, así que me retracto en parte. No porque lo que haya dicho sea mentira, sino porque no es toda la verdad. Esto sí es sobre la arqueología. Porque hay una cosa que se llama «educación implícita» y hace que después de escuchar esta radionovela tengas una pequeña idea de lo que hacemos en los tórridos veranos cuando vamos a tu pueblo. Para saber lo que hacemos el resto del año, puedes leer «El Hallazgo» (spoiler, Lancaster también sale aquí).

—Otra vez te has puesto a hablar a los lectores como si no fueran compañeros.

—Ya, sigo teniendo la esperanza de que esto lo va a escuchar alguien más que nuestros amigos.

—¡Coño, y yo!

—Pues entonces deja de cortarme...

—Pero es que te estás dejando lo más importante.

—¿Disculpa?

—A ver bodoque... si en el fondo esto lo están leyendo los compañeros, vende el proyecto, que a mi me da para lo que me da. Y no te creas que no tengo ya mierda en la cabeza.

Casi tanta mierda como yo. Por eso me olvido de las cosas. Pero es cierto. Si sois del gremio, o no sois del gremio pero os apetece jugar, Amor Estratigráfico no es sólo esta radionovela que os presentamos hoy, sino un proyecto que queremos que crezca entre todos los que quieran pasar un buen rato imaginando cómo nos portamos en la sombra, y al sol. ¿Os cuento un secreto a voces? Yo estoy escribiendo una peli porno. A ver si de una vez por todas hay sexo.

Pero el caso es que la historia de Salvatore, Luca, Macarena y compañía es sólo el principio y os animamos a que hagáis otras historias. No tienen que ser tres temporadas o un libro. Pueden ser pequeñas historias de amor por la arqueología, y dentro de la arqueología. O de fuera de la arqueología, pero con alguien del gremio, que si no a ver quién entiende las estratigrafías.

Así que espero que lo disfrutéis, al menos tanto como lo hemos disfrutado nosotros. Tampoco que aprendáis, porque como no sea quién compuso la banda sonora de Batman, poco vais a aprender.

Y antes de terminar, un cariñoso recuerdo, para Jesús. Te traté poco, pero bien. Y el hecho de animarte a participar de esta locura ya lo dice todo. Espero que, estés donde estés, la tierra te sea leve.

Ahora, ¡Amor Estratigráfico!

—¡Jalón y honor! ¡Estratigrafía o muerte!

—Que sí JuanI, ostia...

—¡El puerto de Roma! jajajajaja

—Deja de meterte en mi introducción.

LA ARQUEOLOGÍA Y LA RADIO

Óscar Blázquez

Cuando me pidieron que valorara la situación de la divulgación de la arqueología en la radio, he de confesar que no supe muy bien como contestar a esta pregunta. Aunque el término «arqueología» está ampliamente representado en los resultados de las búsquedas en Internet, muchos de los espacios que lo utilizan para definir sus contenidos están muy alejados de ofrecer una información que pudiésemos definir como «arqueológica».

En mi opinión, estamos en un contexto inicial de definición de los contenidos y su calidad, ante una nueva realidad que representa una oportunidad. La radio está en plena transformación. Desde el punto de vista del oyente/consumidor de contenidos, su posición no ha cambiado mucho desde la creación de este medio. Quizá hoy tiene más opciones que hace unos pocos años. Además de poder elegir los contenidos que escucha en directo, cambiando de dial, puede acceder a una especie de «radio a la carta» en las diferentes plataformas proveedoras de podcast.

Como arqueólogo, y por motivos azarosos de la vida, director de un programa de radio, caracterizar el estado de salud de la arqueología en la radio y otros medios de comunicación, es un ejercicio tan interesante como desolador.

Este texto se centra en analizar la salud de la divulgación de nuestro trabajo, o dicho de otro modo, cómo llegar y sensibilizar a un público amplio de tal manera que reciba una información tan interesante como fiable. Para comenzar este texto, comencé buscando en Internet contenidos relacionados con la Arqueología, siendo sorprendentes los resultados que encontré. «Arqueología misteriosa», «secretos de la arqueología», «arqueología oculta», «astroarqueología», «arqueología alienígena» y muchas otras «perlas» invaden nuestras listas de resultados antes de poder encontrar un vínculo a información no especulativa y contrastada.

Ante esta evidencia, debemos preguntarnos qué está pasando para que determinadas perspectivas realmente alejadas del ejercicio de nuestra disciplina hayan tomado las riendas de los buscadores. Nuestra profesión, tradicionalmente, está plagada de tópicos, que los arqueólogos nos esforzamos incesantemente por desmentir. Esta lucha titánica presenta una gran diversidad de frentes. Caracterizando éstos de mayor a menor gravedad, podemos comenzar por los medios de comunicación con una gran influencia global que controlan revistas y canales audiovisuales.

Un buen ejemplo es National Geographic. Revista prestigiosa fundada en 1888, que entrega 15 millones de ejemplares mensuales en 32 lenguas a sus suscriptores, ha sido patrocinadora de infinidad de expediciones científicas y exploraciones pioneras en todo el planeta, creadora de una cartografía prestigiosa, propietaria de uno de los canales de televisión temáticos más vistos en todo el mundo, obteniendo una merecida credibilidad global respecto a la fiabilidad de sus contenidos. Sin embargo, actualmente no duda en producir contenidos de escasa o nula calidad científica[1],

---

1 El Resurgir de la Atlántida. Documental dirigido por James Cameron y producido por National Geographic. Presentado por Georgeos Díaz-Montexano, autodenominado «atlantólogo», Asesor de Atlantología Histórico-Científica para National

como la identificación de la Motilla del Azuer como un templo «en medio de la nada» vinculado a la Atlántida y diversas afirmaciones que muestran su profunda ignorancia sobre el Bronce de La Mancha. De hecho, para este documental no se consulta ni a uno solo de los numerosos profesionales que conocen esta realidad histórica de primera mano. Se presenta como algo asombroso e innovador, la relación entre diferentes puntos del Mediterráneo. El conocimiento de los autores sobre la documentación académica publicada respecto a este periodo es, simplemente nulo. La escasa formación de estos individuos, así como el respaldo económico y de marca, sin un control científico, difunde unas ideas muy alejadas de la realidad que, sin embargo, cuentan con credibilidad. Obviamente, nos encontramos ante una clara e intencionada distorsión de las interpretaciones de los investigadores que trabajan en estos yacimientos, siendo esta interesada y falsa. El amparo de dichas producciones audiovisuales tras el nombre de prestigiosos directores como James Cameron (sin formación como arqueólogo, por cierto, pero con acceso a infinidad de medios técnicos), proporcionan a estos documentales un aparente «barniz» de realidad, que se aleja mucho de la evidencia arqueológica.

Otros espacios de carácter pseudocientífico, no dudan en afirmar sin ningún pudor que la arqueología oculta determinadas evidencias que probarían nuestra fluida relación con los extraterrestres en el pasado, diferentes paranoias conspirativas y una malsana intención de desprestigiar nuestra profesión por motivos netamente económicos. La forma más habitual de desprestigiar el trabajo de los arqueólogos es hacer una clara acusación al colectivo investigador que incluyen en lo que denominan «arqueología oficial» (con intenciones aviesas de ocultar una supuesta verdad que ellos defienden sin tener una sola prueba).

Geographic Channel y Presidente Emérito de la Scientific Atlantology International Society (SAIS), entre otros méritos que perfilan el rigor científico de su actividad.

Estos espacios, bien sean revistas o programas de radio y televisión, afirman que cuestiones que son ampliamente conocidas por la comunidad de profesionales no lo son, aportando explicaciones fantasiosas y paralelas que son absolutamente indemostrables. No voy a ahondar en una cuestión ampliamente conocida por todos nosotros. Por el contrario, vamos a analizar cuál es el estado actual de los diferentes espacios de divulgación radiofónica de arqueología hoy en día.

La radio

La radio, a pesar de su veteranía, sigue siendo un medio de comunicación poderoso que ha sabido adaptarse a los diferentes cambios tecnológicos y formatos que han ido surgiendo en las últimas décadas. Esta adaptación se ha dado en dos sentidos principales. Por un lado, el oyente ya no tiene que escuchar su programa favorito en su horario de emisión. Puede descargar casi cualquier contenido emitido en las principales plataformas de «podcast» existentes en la red. Esta nueva naturaleza de «radio a la carta», ha impulsado una creciente popularidad de este medio. Por otro lado, la ingente proliferación de espacios y programas «domésticos» y otros provenientes de emisoras «profesionales», algunos mejores, otros peores, hacen que los programas de calidad se pierdan entre el ruido de las *metatags* de los repositorios de programas. Este problema es grave en lo referente a nuestra disciplina, pues sufrimos una clara usurpación de lo que es la arqueología frente a lo que algunos entienden por arqueología.

Si, por ejemplo, uno accede a uno de los repositorios de podcasting más conocidos de nuestro país y busca «arqueología», las primeras 20 entradas nos dirigen a programas paracientíficos en los que las palabras: arqueología, misterio, maldita, secreto, bíblico, imposible, extraterrestre, conspiración y algunas más se mezclan en los diferentes títulos de los programas en todas sus posibles combinaciones. No es hasta la entrada 33, en la que podemos encontrar un programa directamente relacionado con la realidad de la disciplina.

¿Hay espacios de calidad de divulgación arqueológica? Por supuesto, y afortunadamente en un número creciente. En los últimos años estamos asistiendo a una adaptación de la profesión a la realidad y las posibilidades que nos marcan las tecnologías.

Los arqueólogos siempre hemos sido profesionales con una gran capacidad de adaptación. También es cierto que cuando nos referimos a «la radio», realmente nos estamos refiriendo a los podcast. Parece que en los últimos años esta profesión está haciendo una catarsis muy importante, analizando y discutiendo cuáles son las mejores formas para acercarse al público general. Hay una clara y prácticamente generalizada tendencia a cambiar el modelo de discurso sin mermar la calidad de la información. Gracias a las posibilidades técnicas que se han implementado en los últimos años, los arqueólogos podemos mostrar de forma mucho más visual y atractiva los resultados de nuestro trabajo.

Pero, ¿qué pasa con los canales tradicionales de comunicación, se ha producido una renovación pareja a los contenidos audiovisuales? En mi opinión y en lo referente a la radio, me atrevería a decir que sí. Creo que dentro del concepto «radio» deberíamos incluir, al margen de RNE, cuatro plataformas diferentes: emisoras de radio comerciales, emisoras de radio no comerciales, plataformas de podcasting comerciales y programas de podcast «domésticos».

Las emisoras de radio comerciales son empresas que cuentan con personal especializado, instalaciones adecuadas, presupuesto para la producción de programas de la cadena (redactores, técnicos, guionistas, locutores, comerciales para la venta de espacios publicitarios, licencias de emisión en una banda del espacio radioeléctrico, etc.). Estas emisoras se encuentran en una constante pugna por su supervivencia. El mercado en este medio es realmente desigual. Unas pocas cadenas copan la gran mayoría de las audiencias, por lo tanto de los ingresos publicitarios, y el resto pugnan por mantenerse en condiciones, a menudo, muy precarias.

Las pequeñas cadenas tienen actualmente grandes dificultades y muchas de ellas desaparecerán en un breve espacio de tiempo. Debido a la dependencia de estas empresas de los ingresos publicitarios, normalmente observamos un patrón de programación prácticamente idéntico en todas ellas que compite con los mismos contenidos en las mismas franjas horarias. Estas pautas de programación se pueden resumir en las siguientes:

- Por la mañana encontramos tres modelos de programación, los llamados «programas despertador», noticias o radiofórmulas.

- Después se repite hasta la saciedad el modelo de *talkshow* en el que diferentes comentaristas analizan las mismas noticias hasta el agotamiento. En esta franja horaria, las audiencias se dividen por la línea editorial o sensibilidad política de los contertulios en el análisis de la actualidad.

- Normalmente se continúa con noticias a las horas comprendidas entre las 14 y 16h, para dar paso a un nuevo *talkshow* similar al de la mañana hasta las 20h. Normalmente estos programas de la tarde suelen tener un tono más relajado que los de la mañana.

- Suelen dar paso, tras las noticias de la noche, a otro tipo de programas similares, de análisis de la actualidad o de carácter puramente deportivos. En algunas ocasiones, podemos encontrar programación dedicada al humor.

- Y ya es de madrugada cuando los contenidos que no tienen que ver con la actualidad tienen cabida en la programación. Los contenidos científicos, compiten con el misterio (a veces se mezclan), con programas de tragedias personales y otros contenidos de difícil clasificación.

La moraleja es que las cadenas comerciales no apuestan por la creación de programas con contenidos científicos o de divulgación en horarios donde puede haber una gran audiencia, pues no los consideran con capacidad para interesar al público. Estos contenidos se insertan en pequeñas secciones, con un tratamiento anecdótico o de curiosidad en los diferentes programas en horarios de máxima audiencia.

En definitiva, podemos concluir que las radios comerciales no apuestan ni generan contenidos divulgativos de calidad en horarios de máxima audiencia pues no los consideran competitivos. Por lo tanto, a través de la radio aérea, es muy complicado acceder a estos contenidos.

Hay un grupo de **emisoras de radio no comerciales** con programación regular, en las que podemos incluir a las radios municipales, emisoras comunitarias, emisoras universitarias y algunas otras más.

Estas emisoras tienen dos realidades jurídicas concretas, aquellas que tienen licencia de emisión y las radios piratas[2]. Normalmente tienen un alcance geográfico muy limitado y además las emisoras sin licencia suelen interferir a las que sí tienen licencia.

---

2 Muchas de ellas autodefinidas como «radios libres» o «radios comunitarias». Emisoras que incumplen la legislación y, por supuesto, no pagan las tasas a las que están sometidas las frecuencias con licencia. Sin embargo, algunas de ellas reciben subvenciones públicas a pesar de encontrarse en una clara situación de irregularidad.

En este tipo de cadenas los contenidos no están condicionados por la publicidad, por lo que sus parrillas de programación son mucho más diversas en contenidos que las cadenas comerciales. También es verdad que la calidad de los programas difiere mucho a los de las grandes cadenas debido a la enorme diferencia de medios técnicos, presupuesto de producción y la condición de voluntarios no remunerados de la mayoría de la plantilla.

Sin embargo, podemos encontrar programas que llevan bastantes años en emisión y con una audiencia fiel. Quizá nos encontramos ante un fenómeno muy similar al de La 2 de TVE, que no tiene audiencias masivas, pero mantiene una cuota de pantalla fija.

La libertad a la hora de crear espacios que no se encuentran condicionados ante una necesidad de sostenibilidad económica, se traduce en programas muy interesantes emitidos en horarios de máxima audiencia cuyos contenidos son completamente diferentes a los de las cadenas comerciales. Literatura, tecnología, arqueología, ciencia, videojuegos, cultura manga, música no comercial y otros muchos contenidos realmente interesantes. Si bien el impacto espacial de estos programas en su emisión aérea en directo es muy escaso, empiezan a tomar relevancia en número de oyentes y alcance geográfico gracias a su distribución en diferido disponible en diferentes repositorios de podcast.

El Podcast es una realidad que ha universalizado los contenidos de carácter radiofónico, al margen de los criterios anteriormente marcados por las grandes cadenas de emisión en directo. El podcast permite al oyente escuchar contenidos en diferido sin la molesta publicidad que inunda las emisiones en vivo. Este fenómeno es realmente interesante y, en cierto modo, lo ha cambiado todo como veremos más adelante.

Gracias a la capacidad de los equipos informáticos domésticos y, lo relativamente asequible que resulta adquirir hardware de grabación que permita la realización de un audio de calidad profesional[3], multitud de personas están generando contenidos realmente interesantes con una fantástica calidad en la producción desde sus propias casas.

La universalización del podcast y la gran acogida de los oyentes (que prefieren descargar podcast de los temas de su interés para un viaje en coche, por ejemplo, en vez de escuchar la radio tradicional), ha obligado a las emisoras comerciales a entrar en este sector.

Actualmente nos encontramos ante una situación curiosa, **plataformas de podcast creadas por las grandes emisoras comerciales** (generando contenidos con una gran inversión económica y los mejores medios técnicos), están compitiendo por la audiencia con producciones domésticas y, a menudo, perdiendo la batalla. La estrategia de mercado que siguen estas plataformas para monetizar algo que antes de su llegada era gratuito, pasa por «inspirarse» en algunos de los contenidos de otros podcast, o directamente fichar a aquellos que ya cosechaban éxito desarrollando esta actividad como amateurs.

Podríamos decir que en el mundo de los podcaster hay dos tendencias generales muy marcadas. Están aquellos que pretenden una monetización (sin duda legítima) de su trabajo, y aquellos que generan contenidos con atención a los detalles sin pretender «venderse». A estos últimos les suele gustar el poder plantar «batalla» desde sus propias casas.

El Podcast «doméstico» es todo un mundo, repleto de contenidos interesantes y producciones de calidad. Pode-

---

3 Sin contar con el ordenador y el software; una mesa de grabación, micrófonos de condensador con calidad de estudio, auriculares y una mínima insonorización puede rondar los 400 euros.

mos encontrar multitud de programas que tratan cualquier temática que podáis imaginar. Aunque, eso si, los espacios realizados por profesionales de una materia y con un afán divulgativo aún no son ni especialmente visibles ni prestigiosos (aunque su contenido rebose calidad y rigor). Creo que aún no se ha dado el paso en el que podamos escuchar muchos programas especializados en Geología hechos por geólogos apasionados, de Microbiología, Neurociencias, Paleografía o Antracología.

En mi opinión, estos contenidos aún no están presentes por una combinación de factores no interdependientes, pero sí relacionados. Hay una cierta idea «derrotista» por la que se piensa que un contenido especializado no va a resultar interesante para una potencial audiencia. Sin embargo, debemos de huir de caer en la necesidad de «likes» masivos, como si fuésemos el perro de Paulov. Siempre va a existir un público interesado en cualquier contenido y muchas veces no son capaces de encontrarlo. Este tipo de temas, nunca van a ser el número uno en descargas, pero llegarán a un público fiel y más numeroso de lo que se piensa. Este tipo de audiencia, además, es realmente gratificante porque permanentemente te agradecen que les proveas de estos contenidos de su interés.

Para la realización de estos espacios debemos tener una clara motivación y convicción por la que asumimos la necesidad de que determinados contenidos deben de ser explicados a la sociedad por aquellos que los comprenden en profundidad. No sirve de nada quejarnos de que en espacios de gran audiencia se proporciona una imagen deformada y estereotipada de nuestra profesión si no podemos poner sobre la mesa una alternativa que trate los mismos temas.

En el tiempo que me he dedicado a utilizar estos canales para la divulgación he comprendido que es uno de los medios más eficaces para hacer llegar a la sociedad cualquier mensaje que queramos.

Mi experiencia personal

Cuando se me presentó la oportunidad de utilizar este medio (radio, podcast), os confieso que no tenía ni idea de cómo iba a materializarlo. Era un modelo de comunicación que me resultaba completamente ajeno y extraño. Sólo tenía claro el mensaje que quería trasmitir, sin saber si tendría alguna repercusión. Como no me pusieron ningún límite, mi objetivo era y es, denunciar la situación de los investigadores (de cualquier disciplina) en nuestro país y, además, demostrar que cualquier tema es fascinante, accesible, comprensible y necesario. Consideré que el objetivo prioritario era sensibilizar a la sociedad respecto a la necesidad de invertir en investigación como una prioridad estratégica de un país que se considere avanzado. Que los activos principales de una nación no están en el baile caprichoso de los números de la bolsa, están en el talento de sus ciudadanos.

Hoy en día puedo decir que el programa que comencé en 2016 (*El Cronovisor*), no es el que mayor número de descargas tiene, pero sí puedo afirmar que cuenta con respeto y prestigio como un espacio que consigue divulgar e interesar a todo tipo de oyentes. En cierto modo, cosa que me halaga mucho, dentro del mundo de la ciencia y el conocimiento saben que en *El Cronovisor* siempre tienen un lugar para hablar de lo que quieran y cuando quieran.

En un futuro inmediato, con seguridad cuando leáis estas líneas ya es una realidad, estaremos emitiendo en una emisora con unos medios y alcance muy superiores. Tendremos la posibilidad de llegar a muchísima más gente, y la responsabilidad de que este mensaje resulte interesante sensibilizando a la sociedad respecto a la necesidad de proteger el enorme talento que hay en nuestro país.

Os animo a que cada uno de vosotros seáis creadores de contenidos. Hablad de lo que mejor conozcáis, de lo que os apasione, de lo que queráis trasmitir a los demás. Os garantizo que muchísima gente está esperando estos contenidos que solo vosotros podéis aportar. Sed activos, al fin y al cabo, esto es una batalla que debemos asumir contra todos aquellos que nos indignan y deforman nuestra labor engañando a la sociedad al erigirse como interlocutores autorizados.

En conclusión

Nuestro colectivo profesional históricamente reivindica la escasa atención de la sociedad respecto a nuestra realidad, el intrusismo de las paraciencias que deforma la imagen de nuestro trabajo, los escasos medios con los que contamos para comunicar nuestra actividad y, últimamente, la necesidad de devolver a la sociedad el fruto de nuestro trabajo.

Sin duda, la Arqueología Pública, el aprovechamiento de nuevos canales de comunicación (Facebook, Twitter, YouTube, Instagram, Periscope, Podcast, etc.) y el ingenio acompañado del humor, son las señas de identidad de una nueva generación de arqueólogos que están rompiendo, en mi opinión acertadamente, la manera hierática, hermética y elitista de acceso a los resultados del trabajo arqueológico.

En el mundo actual, toda área de investigación ha de contar con la OBLIGATORIA NECESIDAD de tener la capacidad de poder DIVULGAR su actividad y su importancia en la mejora del «colectivo». Si no somos capaces de poder transmitir al público la importancia y la relevancia de invertir en cualquier área de conocimiento como un objetivo estratégico prioritario en los presupuestos generales del estado para tener una sociedad avanzada y referencial globalmente, habremos fracasado estrepitosamente.

Sin ánimo de generar una concatenación de depresiones y horas de terapia que no puedo asumir, quiero finalizar con un mensaje positivo e ilusionante.

Los arqueólogos actualmente no tenemos excusa para no presentar un frente de batalla. Os invito a que desde vuestras casas, estudios, colectivos, seáis generadores de contenidos de calidad. A combatir a todos los que cuentan con medios económicos en grandes producciones que dan una información falsa y deforme de la arqueología. Nosotros hoy podemos aportar la misma calidad técnica que ellos desde un modesto equipo doméstico, con la diferencia de que nuestro mensaje interesa y es una información honesta.

Los podcast son una herramienta realmente poderosa que debemos utilizar. Quizá es el camino más económico y potente con el que nuestro mensaje puede llegar al público, como siempre hemos querido. Además, no tenéis excusa, soy un tipo facilón que siempre estará a vuestra disposición para ayudaros en la tarea de emprender un contenido divulgativo.

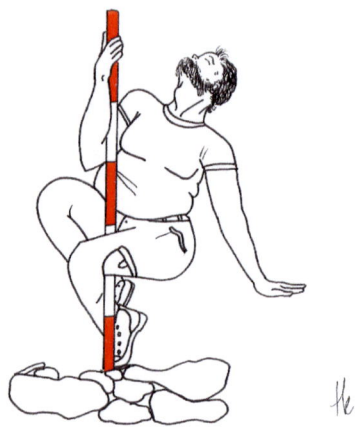

En aquella campaña Aitor se enganchó a "Amor Estratigráfico".

Amor Estratigráfico

La radionovela arqueológica

ARGUMENTO

La historia que vamos a relatar se desarrolla en el pueblo de Palas de la Frontera, sito en cualquier municipio de nuestra geografía patria, durante el cambio de siglo, en los cuales se hacían excavaciones en multitud de lugares, algunas basadas en proyectos estructurados y otros bajo el paraguas —o sombrilla— de los campos de trabajo, que tan de moda se pusieron en aquellos años.

Por tanto, nuestra historia se basa en el día a día de aquellas excavaciones donde se juntaban alumnos de posgrado donde su línea de estudio tenía que ver con el yacimiento en cuestión; alumnos de la carrera de Historia que realizaban practicas gratuitas[1] en yacimientos arqueológicos para coger experiencia —arqueólogos en potencia—; y arqueó-

---

1 Como dicen algunos colegas nuestros «...se reflexiona acerca de la influencia que las vivencias obtenidas en estas campañas iniciáticas tienen para los estudiantes universitarios en la reproducción y naturalización de ciertos valores adosados a la idea de ser arqueólogo. Esto podría influir en la timidez de las reivindicaciones sociolaborales de los trabajadores de la Arqueología comercial». (González Álvarez 2013: 201). Del mismo modo, pensamos que «Tras el paréntesis de los años de auge de la Arqueología comercial como comparsa del ladrillo y de la especulación inmobiliaria, las excavaciones de verano constituyen de nuevo la mejor opción para que los estudiantes de Arqueología obtengan una capacitación adecuada en los aspectos prácticos del trabajo arqueológico de campo y refuercen los aspectos teóricos adquiridos durante su formación universitaria». (Ibídem: 207). Ante esta idea, creímos conveniente quitarle Hierro II Soto de Medinilla al asunto y recrear una excavación de verano.

logos *de facto* que aunque fuera del mundo universitario, todavía tenían algún tipo de contacto con la universidad. Aparte de esto, no podían faltar peones especializados —o no— que ayudaban con las tareas menos «arqueológicas» —y que eran puestos por el ayuntamiento de turno—; y algunos profesionales (sobre todo palistas) de la empresa constructora que supuestamente estaban para «agilizar» nuestro trabajo; y, por supuesto, todas aquellas profesiones afines si el proyecto era de un tamaño mediano/grande, como topógrafos, restauradores, dibujantes, y un largo etc. Para terminar el casting, el/los director/es del proyecto, que solían ser la cara pública de este proyecto y al que le tocaba ligar con las administraciones competentes.

El marco de nuestra historia está definido, una excavación de verano. El trasfondo es más difícil, ya que nos encontramos ante la vida misma, en la cual entra en juego la psique humana en su máxima reencarnación, es decir, el deseo, la atracción, la aventura, la épica, la socialización en marco cerrado, las luchas de poder, y un largo etc., pero en dónde, como en cualquier radionovela, un triángulo escaleno amoroso tiene la voz cantante.

La historia es conocida por todos: chico A postprocesualista enfundado en un cuerpo hercúleo formado para la investigación arqueológica y el deseo carnal conoce a chica A restauradora morena, con flequillo y mirada felina y a chica B antropóloga forense eurítmica. Chico A tiene un amigo, chico B. Chico A se enamora a primera vista de chica A. Pero Chico A se siente atraído por chica B. Tanto chico A y B y chica A y B, están enamorados de la ciencia arqueológica. Chica A siente algo por chico A, aunque no sabe cómo llamarlo. A Chica B le gusta chico A. A Chica B le gusta chica A. Chica A probó cosas en una fiesta universitaria por lo que no le disgusta la idea de chica B. A Chico B le encantaría que esto último pasara. Como veis, como la vida misma.

A partir de esta idea, lo que tenemos a continuación es una recreación de los pormenores de un día de excavación de aquellas de cuando éramos jóvenes. Desde que el día se despierta, en el trajín propio de una excavación, donde conocemos a multitud de personajes que seguro que en alguna de sus acepciones hemos conocido en uno u otro modo, aprovechando, eso sí, para ir respondiendo poco a poco preguntas que nosotros —o ellos— enuncian. Aparte de esto, tenemos nuestro momento de parada matinal, el aperitivo de antes de comer, la comida en el restaurante del pueblo, la visita de la administración, la tarde que se escapa rodeada de cañas y momentos intermedios que fueron la sal de esos años, y que creemos que deben ser recordados.

Con todo ello, aquí presentamos los guiones utilizados en la primera radionovela de carácter arqueológico: *Amor Estratigráfico*. Tomaos vuestro tiempo y disfrutadla, y criticarla por Harris, que lo que queremos es que hablemos, que conversemos, que demos una vuelta de tuerca a todas aquellas ideas preestablecidas, y recordad:

«Llevamos mucho tiempo...luchando.
Y todos hemos perdido mucho, a tantos seres queridos.
Pero no estáis solos.
Hay reductos de la resistencia por todo el planeta.
Estamos al límite
Ante todo, sobrevivid.
No tenéis ni idea de lo importante que sois, lo importante que seréis.
Todos y cada uno de vosotros.
(...)
Si estáis escuchando esto, sois la resistencia».[2]

---
[2] Terminator salvation: The future begins (McG, 2009).

¡JALÓN Y HONOR!
¡ESTRATIGRAFÍA O MUERTE!
¡OTRA ARQUEOLOGÍA ES POSIBLE!

REALIZACIÓN TÉCNICA DE UNA ARQUEO-RADIONOVELA[1]

Santiago Aramendi Urrestarazu

Lo primero que queremos decir, es que es un proyecto exclusivamente de audio, lo cual implica que no hayamos tenido en consideración algunos factores que la afectarían si hubiese sido de video. La apasionante radionovela ha sido editada con un programa profesional[2] de edición que muchos realizadores o cadenas de televisión utilizan en su día a día. Cuando nos pusimos a trabajar teníamos que tener en cuenta tres factores que han sido fundamentales a la hora de enfrentarnos a la edición: fidelidad al guion, el *tempo* narrativo y el volumen.

La edición

Este programa funciona con una línea de tiempo. En ella hemos introducido más de seis pistas de audio y una de video.

---

[1] Las siguientes líneas son de Santiago Aramendi Urrestarazu, que aparte de ser el narrador —y algún que otro personaje— es el realizador encargado de la edición tanto de la radionovela como de videocreaciones ad hoc. Sin su ayuda, paciencia y saber, la gran mayoría de las cosas que hemos presentado —y que presentaremos— no las podríamos haber realizado. En la tercera parte, las labores generales de producción pasaron a Jokin Santacana Urrestarazu que, como su primo, hizo un trabajo extraordinario y, gracias a la radionovela, mira la arqueología con otros ojos.

[2] Adobe Premiere CS4.

Cada personaje grababa sus voces por separado desde su propio dispositivo de grabación y nos las enviaba[3], lo cual hace más complicada la edición —aunque el resultado de esta primera temporada haya sido más que satisfactorio. Dependiendo del capítulo, teníamos más o menos personajes y sonidos, por lo cual ampliábamos o reducíamos las pistas de audio. No así la de video, que al ser simplemente un grafismo no tenía más trabajo. En esas pistas fuimos introduciendo las voces de los personajes, los sonidos y la música en el orden estricto que nos marcaba el guion. Aquí es donde comenzamos a hablar de los tres valores que debíamos tener en cuenta a la hora de editar todo el proyecto.

Fidelidad al guion

Para hacer bien una radionovela lo más importante es el guion. Sin duda, parece una tontería, pero hay que ser fiel a él. Claro está que pueden existir pequeños cambios de última hora —palabras sustituidas o incluso suprimidas— pero se ha de seguir el esquema realizado por el guionista. Cuando editas video puede resultar muy interesante realizar cambios, e incluso pueden llegar a ser beneficiosos para el proyecto. Pero en una radionovela, que sólo se basa en diálogos, esos cambios pueden resultar nefastos. Las ideas, la creatividad, los chistes se tienen que plasmar por anticipado en el guion.

Tempo narrativo

La definición nos dice que tempo narrativo es la «*velocidad con la que sucede la acción de una novela, obra teatral o cinematográfica, o con que se desarrolla un programa de radio o televisión*».

---

[3] Radiodogma podríamos calificarlo, ya que todos los personajes, los poseedores de estas voces, son parte integrante de nuestro colectivo (historiadores, arqueólogos, restauradores…), sin vinculación con cuestiones radiofónicas.

Esto quiere decir que hay que tener cuenta el momento en que se suceden las voces, la música o los sonidos. No existen normas estrictas al respecto, eso va en función de lo que quiere el autor o de las propias sensaciones que se tienen mientras se edita. En nuestro caso, debemos crear la sensación de que dos personajes están hablando el uno con el otro, aunque las voces estén en audios separados. Es una tarea ardua, pero se consigue el efecto deseado colocando más cerca o más lejos las voces entre personajes. A veces esa sensación es cuestión de décimas de segundo para que el dialogo se escuche fluido y no haya interrupciones de silencio que rompen la dinámica de una conversación.

Por otro lado, la inclusión de la música en determinados momentos —como puede ser uno de tensión o de alegría— ha de hacerse de una manera natural y adecuando los audios en el momento determinado. Luego existen los sonidos de fondo o música de fondo, que le dan continuidad y sensación de mundo vivo en las secuencias.

Volumen

Una vez tenemos el tempo marcado y estamos contentos con el resultado, el último punto es la nivelación de volúmenes. No todas las voces que teníamos estaban en el mismo formato, ni se han grabado con un mismo grabador. Y otra de las cuestiones importantes es que no todas las voces tienen ni el mismo tono ni volumen[4]. Por eso hay que tener mucho cuidado y sobre todo paciencia para que los volúmenes de todo el conjunto queden uniformes[5].

---

[4] Recordamos nuestra idea de radiodogma, en la que ninguno de los autores son especialistas en cuestiones radiofónicas, por lo que la entonación, grabación, niveles, volumen, dicción etc. está a la manera más natural y/o realista posible.
[5] Seguimos trabajando en ello [sic].

Salvo en casos de mayor énfasis en ciertos sonidos, el producto final debe quedar equilibrado. Las canciones o sonidos también marcan la importancia del momento que se quiera transmitir y darle un golpe de audio en un momento determinado marca la diferencia de la situación. Subir o bajar los volúmenes de las pistas es un trabajo laborioso pero que, sin duda, le da al resultado la profesionalidad que se merece.

Conclusiones técnicas

Ser fiel al guión, editar el *tempo narrativo* para que los diálogos sean entendibles y naturales, y mantener un volumen equilibrado son los tres factores para que la primera temporada de la radionovela tenga un resultado (semi)profesional. Luego, habrá espectadores que se sientan en mayor o menor medida admirados por nuestro trabajo, algo que hemos realizado con la mayor de las ilusiones.

En definitiva, hemos intentado ser innovadores en un terreno tan antiguo como es la arqueología. Pero eso, nos lo tienen que decir los espectadores (radioyentes). Hemos querido darle al oyente un punto de vista —de oído más bien— diferente en el que apreciar esta ciencia para muchos desconocida. Entre esos desconocedores me encontraba antes de realizar esta radionovela, pero ahora me siento un fiel seguidor de esta maravillosa ciencia, a mi manera, claro[6].

---

6 ¿Arqueología social desde el proyecto? Pues eso parece...

GÉNESIS

Jokin Santacana Urrestarazu

Recién llegado a Salamanca desde tierras vascas me encontraba en una situación en la que estaba motivado para nuevas experiencias y retos. Por mucho que pudiera darle rienda suelta a mi imaginación nada se acercaría a la experiencia que iba a experimentar una tarde-noche en el salón de casa en la que compartía piso con mi primo. Fue mi primer montaje de audio y seré franco, mis conocimientos sobre la arqueología y su lenguaje eran nulos, por lo que mi aportación a la historia de *Amor Estratigráfico* propuesto por el que se convertiría en mi amigo JuanI mediante mi primo Santi, me abrumaba.

Yo soy una de los cientos de miles de personas que se enamoraron rápidamente de la arqueología gracias a Indiana Jones, pero más tarde comprendí que la arqueología dista mucho de lo ocurrido en la película (como casi todos) y que de lo que me enamore fue del cine y del poder de contar historias. A pesar de todo, siempre he visto con mucho interés la historia pasada y ¿qué es la arqueología, si no, la búsqueda de las historias pasadas rellenando los huecos vacíos mediante las pistas encontradas?

Creo firmemente que no hay historia actual que no haya ocurrido previamente a lo largo de los siglos y que esas historias han influenciado nuestro modo de ver la vida. Algún día habrá gente que analizará nuestros días, verán que con respeto y amor por la historia pasada se crearon estas historias presentes, pensando en influir en el futuro. ¿Qué otra cosa somos, si no los restos de los estratos pasados y la semilla de los estratos futuros?

Gracias a JuanI García y Santiago Aramendi Urrestarazu (amigos y familia) por contar conmigo para esta aventura tan gratificante.

DIGGING LOVE
Capítulo 0

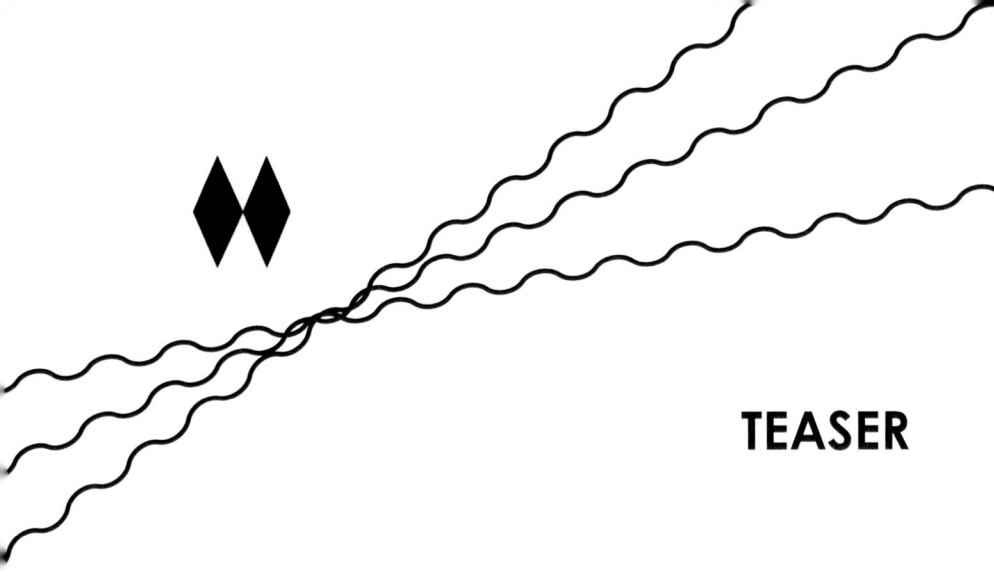

TEASER

A los 5 segundos o así dale, cuando quieras ya...

(Sonidos de la noche)

Coming soon.

De los creadores de...

Juego de Estratos.

Del director de...

El hombre que susurraba a los verracos.

Llega...

Amor Estratigráfico.

Una Arqueoradionovela.

***Puedes usar los códigos QR insertos entre el texto para escuchar la radionovela mientras lees, o sin leer, con la app de Ivoox. O salta hasta la BSO y haz lo propio para poner la banda sonora de fondo en Spotify.**

CAPÍTULO 1

CAPITULO I.1

(Exteriores, a primera hora de la mañana, amaneciendo por el lugar correcto. En el yacimiento, a pie de cata, dos esbeltas siluetas trabajan mientras el sol hace su génesis. calor agobiante con pequeñas rachas de viento S-SO).

BSO: El rey León soundtrack. (1994) "Circle of life"
Elton John & Tim Rice

Un día amanece en la localidad de Palas de la frontera. Los sonidos del amanecer se entremezclan con ruidos de trabajos. Trabajos que llevan envolviendo a esta localidad desde que se descubriera un yacimiento arqueológico en las afueras de la misma. Mientras el mundo amanece, una decena de jóvenes llevan ya un tiempo moviendo tierras. Un día más comienza en el yacimiento.

(Momentos musicales)

Mientras tanto, un joven fornido, de aspecto atlético, se limpia el sudor que cae por su cara y por sus fuertes brazos tatuados; su compañero, italiano de tez clara y aspecto desaliñado, remueve la tierra echada a la carretilla, mientras pasa su mano por encima de la superficie, encontrándose pequeños fragmentos cerámicos que no han sido vistos por su grácil compañero.

En esas manos -curtidas por los trabajos manuales, se empiezan a vislumbrar diferentes colores, mientras farfulla diferentes palabras en italiano y castellano...

Luca di Tena: ¡¡Porca putana!! Cerámica de tradición indígena...

Llamando la atención de sus compañeros.

Salvatore Marina (mirando a Luca y moviendo la cabeza): Vaya Luca, qué buena mano tienes…

Dijo Salvatore, mientras apoyaba la pala junto a sus fornidas piernas y se secaba el sudor de su frente. Secose el sudor, desató su cabello, y volvió a recogérselo. Hízose un moño y siguió paleando con desdén.

(Sonidos pétreos de trabajos manuales)

Luca di Tena (indignadísimo): No sé cómo puedes seguir, no son ni las 8 de la mañana… ¡Llevo sudando horas!

Gritaba Luca camino de la terrera con la carretilla cargada de restos de estratos alto imperiales.

Salvatore Marina (grito sordo): ¡¡¡Luca!!!

Gritaba Salvatore, cada vez con mayor intensidad.

Salvatore Marina: ¡¡¡Luca!!! ¡¡Luca!! ¡Ven rápido! ¡¡¡¡¡Lucaaaaa!!!!!!

Luca se apresuró a tirar la carretilla, no sin antes revisar la carga esparcida y recoger algún trozo cerámico y diferentes huesos de ovicápridos...

Salvatore Marina (gritando): ¡¡¡¡Luca!!!!

Luca di Tena (respondiéndole con voz en grito): ¡¡¡Voy!!! Presto... Voy... ¡Vaffanculo! Siempre con prisas...

Corría Luca con la carretilla en su forma anticonceptiva, marcha atrás, hasta el lugar donde se encontraba Salvatore.

Luca di Tena (agitado): ¿Que pasa? ¿Cuenta? ¡Andiamo!

Salvatore Marina (señalando la superficie excavada): Mira, cambiamos de nivel...

Los ojos del muchacho brillaban como el rocío mañanero.

Al verlo, Luca golpeó con fricción la espalda de su compañero mientras jadeaba por el esfuerzo último realizado.

(Sonidos de golpes en la espalda y jadeos no sexuales)

De su boca salían pocas palabras, de las cuales solo se escuchaban:

(Sonido de suspense)

Luca di Tena (con cara de asombro): Cenizas, son cenizas[1]...

---

[1] El verdadero tesoro, muchas veces, es el contexto, el conocimiento, la información. «...estos ajuares prerromanos de la meseta no me emocionan ya, no me producen ni frio ni calor —dijo Jero—. Repiten casi siempre las mismas joyas y, después de Raddatz, no me parece fácil sacarles más información. Lo único verificar si, en esa zona de nadie, la orfebrería es celtibérica o de castros gallegos. Es lo único que nos queda por ver (...) —Estos hallazgos son más espectaculares que eficaces, de acuerdo (...) —¡Espectacular?, bueno, de acuerdo, pero ¿Qué

CAPÍTULO 1   47

Salvatore Marina (con los ojos enrojecidos): Si, Luca, si...

(Sonidos de fauna y flora)

Casi sollozando, los dos jóvenes se miraron, sonriendo, se abrazaron, y después de unos momentos de intimidad masculina, sentencio Salvatore,..

Salvatore Marina (mirando a su compañero): Sí Luca, ahí está...Venga, un cigarrito y llamamos al profesor.

(Sonido de encendedor)

(Cortinilla de cambio de escena. Intersticio musical)

BSO: Batman (1966) "Original TV Soundtrack"
Nelson Riddle

CAPITULO I.2.

(Exteriores, en el yacimiento, al pie de la cata 2. Panorámica general del emplazamiento. 3 figuras en las proximidades. Primeros rayos de sol que empiezan a picar con virulencia. Comienza el calor. La fauna autóctona se dejar escuchar en las proximidades).

---

problemas nos resuelve?». (DELIBES 1985: 14). O dicho de una forma grandilocuente: «Una categoría de fuentes que pasan de basura a documento histórico desde el momento en que son recuperados mediante un método científico y sometidos a exégesis por mentes perfectamente entrenadas para ello, capaces de ver más allá de los obvio y generar conocimientos». (VAQUERIZO 2013: 227).

BSO: *El hombre y la tierra. Serie fauna Ibérica (1974)*
"Sintonía"
Antón García Abril

En la cata 2 estaban trabajando, aparte de Salvatore y Luca, Macarena Easo, una andaluza morena y menuda –la cual estaba más guapa vestida de campo que de noche, por cierto... pero de una belleza brutal y racial.

Esta andaluza era conocida entre la población masculina -y parte de la femenina- como la Bella Easo. Aunque a ella no le gustó en un principio, acabó por apropiárselo. Es más, cuando discutía con Lancaster sobre metodología, esas discusiones eran conocidas por la población indigena como guerra de cupcakes.

(Sonidos de fauna y flora)

Acercose al perfil de la cata, bajó de un salto el pequeño terraplén entre la cata y el terreno vegetal y con sus desnudas manos[2], limpió la superficie que acababan de encontrar sus compañeros, los cuales estaban disfrutando de su momento de asueto.

Los ojos de la morena se tornaron a un color mucho más claro, realzados por la luz natural que empezaba a iluminar el recinto excavado.

Macarena Easo (mirando de forma inconsciente y rápida): Chicos.

Dijo con la voz casi entrecortada...

---

[2] «La decisión más importante que tendrás que tomar es si utilizar la punta o el borde de la rasqueta para extraer el sedimento» (DOMINGO, BURKE & SMITH 1994: 196) Grandes problemas de campo en el mundo civilizado de la Arqueología. Carandini hay días que no duerme ante estas disyuntivas.

Macarena Easo: Tenemos que llamar al profesor, puede ser el nivel que buscábamos...

Los tres se encontraban en corro frente al corte rebajado. Las manos de la muchacha, esta vez ayudadas por un cepillo, limpiaban con movimientos asincopados la superficie expuesta. Con cada golpe de muñeca, la superficie se iba oscureciendo, apareciendo una amalgama de colores negros, grisáceos y blancuzcos.

Luca di Tena (sonriendo): Perfecto, Maca, ¡se ve de cojones!

Decía Luca mientras se agachaba para observar con detalle el trabajo de su compañera...

Salvatore Marina (con sonrisa de Zamanillo[3] y en tono suave): Ya te digo, es lo que buscábamos.

Sentenció Salvatore mientras se limpiaba el sudor de sus esculturales brazos fornidos.

Macarena Easo (sin inmutarse): Salvatore, rey... ve a buscar al profesor mientras terminamos de limpiar una superficie mayor para que lo pueda ver al detalle.

Decía Macarena mientras no quitaba ojo de la superficie que iba limpiando con una delicadeza extrema, aun siendo solamente tierras entremezcladas.

Salvatore Marina (con una mirada furtiva): Como deseéis...

BSO: La Princesa Prometida (1987)
"Once upon a time... Storybook love"
Willie DeVille & Mark Knopfler

---

3 Si quieren saber lo que es una sonrisa tipo Zamanillo, acérquense por Ciao bar (C/ Consuelo. Salamanca).

Susurró Salvatore en tono suave y lacónico, mientras se alejaba a paso firme y vigoroso. Al escucharlo, Maca levanto la mirada del suelo, y empezó a gritar...

Macarena Easo (poseída): Algún día, como sigas jugando te vas a enterar, ¡¡ya veras!! Y ese día, ninguna frase te va a salvar de lo que te voy a hacer... ¡¡Ea!!

Macarena gritaba mientras el joven se alejaba. La bella andalusí seguía gritando, y en su cara se insinuaba una leve sonrisa... picarona...

(Momentos musicales)

Diose la vuelta Salvatore mirando a la muchacha, mientras sus dedos índice y anular recorrían el camino entre su palpitante pecho izquierdo hasta sus secos y pardos labios, besándolos y lanzándolos hacia el horizonte de la excavación...

La joven seguía gritando, algunas en tono grosero, muy cordobés...

Macarena Easo (de pie, con los brazos en forma de Dressel 20[4]): Ya veras... Ya, ya veras... ¡Corre cabrón! Ya veras...

Maca suspiraba...

Macarena Easo: ¡¡Ayy!!

(Sonido de vinilo cortado)

Luca di Tena (sonriendo maliciosamente): ¿Quieres una toalla? ¿Un pañuelo? ¿Necesitas refrescarte, bonita?

Espetó Luca en tono jovial.

---

4 Heinrich DRESSEL (1845-1920). Arqueólogo alemán, el cual desarrollo una clasificación de ánforas antiguas sobre su excavación en el monte *Testaccio*. En su día se le conoció como «*el alemán que subió un monte y bajo una tipología cerámica*». (Ver nota a pié de página nº 12).

La mirada delicada y dulce de la muchacha se iba tornando en áspera mientras giraba el cuello hacia el simpático italiano...

Macarena Easo (moviendo la cabeza levemente de Norte a Sur): Puto italiano... La verdad es que me vendría bien...

Dijo ella mientras volvía a posar sus ojos en la superficie, no sin antes tirarle un trozo de tierra a la espalda del italiano.

(Sonido de un trozo de tierra parcialmente compactado golpeando a la altura del musculo dorsal ancho)

Luca di Tena: ¡¡¡Aaaahhhh!!!

Luca no paraba de reír, hecho éste que contagió a Maca.

(Risas)

BSO: Formula V (1969) "Tengo tu amor"

Luca se aproximó a la radio y subió el volumen, ya que la canción que sonaba le venía que ni (cerámica) pintada. Y mientras reía cogió la carretilla, y dijo:

Luca di Tena: ¡Mujeres calientes y cerveza fría! Me encanta este país...

Maca levanto la vista y miro la silueta del italiano, que no paraba de reír, mientras exclamaba:

Macarena Easo: ¡Puto italiano!

[Fin de cita]

(Momentos musicales)

BSO: Formula V (1969) "Tengo tu amor"

(Cortinilla de cambio de escena. Intersticio musical)

BSO: Batman (1966) "Original TV Soundtrack"
Nelson Riddle

CAPITULO I.3.

(Exteriores, caminando por el yacimiento. Bullicio de personas hablando entre ellos y comentándose cosas. Ruidos varios cercanos y lejanos. Una avutarda macho se aproxima desde el horizonte, moviendo sus alas de forma singular)

BSO: Серебро [Serebro] (2012) "Мама Люба" [Mama lover]

Aproximábase el joven –aunque ya no tan joven- muchacho hacia las casetas de obra que hacían las veces de almacén, sala de materiales, laboratorios y lugares varios…

Aunque acababa de amanecer hacía poco, el ajetreo era inmenso. Había que aprovechar esas primeras horas, ya que luego el calor se hacía insoportable. Salvatore se iba encontrando con multitud de personas.

<u>Desconocido #1</u>: ¡Qué pasa salao!

<u>Salvatore Marina</u>: ¡Eyy! ¡Hola!

<u>Desconocido #2</u>: Hombre qué tal

<u>Salvatore Marina</u>: Buenos días ¿qué tal?

CAPÍTULO 1 53

Desconocido #3: ¡Aupa!

Salvatore Marina: ¡Hola!

Desconocido #4: Buenos días...

Salvatore Marina: ¡Ey! Hola...

Desconocido #5: ¡¡Achooooo!!

Salvatore Marina: ¡Qué pasa...!

Desconocido #6: Hola, ¿qué tal?

Salvatore Marina: Ey, buenos días...

Salvatore era una de esas personas que caían bien, sanote, extrovertido, buen perdedor y mejor bebedor[5], aunque también el ambiente hacía mucho, ya que los responsables de los diferentes cortes llevaban mucho tiempo colaborando juntos. Cada uno tenía gustos y aficiones diferentes, pero durante el tiempo de trabajo, esa pequeña diferencia del mundo real, no lo era tanto, y eso hacía que las amistades fueran mucho más duraderas. Todo se magnificaba, pero era tan real...

(Momentos musicales)

Salvatore Marina: ¡¡Eyyy!! Hola, Lancaster...

(Escuchando en la lejanía las palabras de Lancaster)

Ahí estaba Lancaster, dialogando con unos jóvenes.

Lancaster Williams (sin inmutarse, en la lejanía): ...en los aledaños, en yacimientos aledaños, más de 14 hectáreas...

Salvatore Marina: ¡¡Eeehhh!! ¡¡Lancaster!!

---

5 Si pensamos que gracias a la Arqueología, los restos vuelven a la vida, nos gusta cómo nos describe Baudelaire. «*Como todo el que tiene un oficio fúnebre, era buen bebedor*». (BAUDELAIRE 2010: 227).

Nada... Lancaster no contestaba. Estaba tan absorto en sus explicaciones a los jóvenes de la Universidad de Milwaukee...

(Intersticio musical)

BSO: Michael Jackson (1987)
"Smooth criminal" [Annie are you OK remix]

(Cortinilla de cambio de escena. Intersticio musical)

BSO: Batman (1966) "Original TV Soundtrack"
Nelson Riddle

CAPITULO I.4.

(Exteriores. En las cercanías a las casetas de materiales. Sobre una colina o promontorio cercano. Ritmo de personas subiendo y bajando, llevando materiales de un lado a otro. Jovenes hablando, muchachas distraídas)

BSO: Серебро [Serebro] (2012) "Мама Люба" [Mama lover]

Mientras Salvatore seguía su camino al laboratorio, se iba encontrando con más y más gente. Al fondo, sobre un promontorio, se encontraba el profesor Gränderbergen.

Acababan de llegar los últimos estudiantes, y el profesor estaba asignando a los muchachos a los diferentes grupos de excavación. Junto al profesor, estaba Lucy, -la secretaria del

CAPÍTULO 1 55

departamento- que le estaba espetando para que firmara los diferentes convenios o seguros, ya que nadie empezaría a trabajar hasta que todo el papeleo estuviera firmado.

(Momentos musicales)

BSO: *Серебро [Serebro] (2012) "Мама Люба"* [Mama lover]

A Lucy no le gustaba venir a campo, era rata de biblioteca, y encima los veteranos tenían una costumbre cada vez que el profesor la llamaba...

Prof. G. Gränderbergen (gritando): ¡¡¡¡Lucy!!!!

(Intersticio musical)

BSO: *The Beatles (1967) "Lucy in the sky with diamonds*[6]*"*

Los jóvenes muchachos no sabían dónde mirar, ni a quien...

Prof. G. Gränderbergen (gritando): ¡¡Coño!! Lucy...

(Intersticio musical)

BSO: *The Beatles (1967) "Lucy in the sky with diamonds"*

(Bullicio y conversaciones varias)

Lucy (mirando fijamente al profesor): Profesor, cuando les va a decir algo a esos muchachos... Llevan años con la misma coñita...

---

[6] Lucy (AL 288-1) es el esqueleto de un *Australopithecus afarensis* de 3.2 m.a. descubierto en 1974 en Hadar, Etiopía. El nombre le viene porque dicen que en el momento del descubrimiento, el grupo investigador estaba escuchando esa canción de The Beatles. Si el equipo hubiere o hubiese sido español, el descubrimiento habría venido precedido de la frase ¿Que se puede hacer con los huesos encontrados? [La charanga del tío Honorio (1975) Hay que lávalo EP], y se le conocería por el nombre de *Cheli* [Desmadre 75. (1975) Saca el güisky cheli EP] o seguramente por el nombre de *Ramona* [Fernando Esteso (1975) La ramona EP]

Comentaba Lucy mientras le indicaba al profesor donde firmar...

Lucy (concentrada en las hojas): Firme aquí... Y aquí... Firme con fecha y DNI...

El profesor reía con una carcajada sonora y cascada por los años a pie de cata...

Prof. G. Gränderbergen (riendose): Jajajajaa, pequeña... Y lo que no sé es como no se ha acostumbrado ya. Además, sabe que usted estaba presente cuando nació aquello, y sabe que no es despectivo, pero me sigue haciendo tanta gracia... ¡Joder!

Lucy (resignada y compungida): Lo sé, lo sé profesor, pero hay días que...

Prof. G. Gränderbergen (riéndose): ¡¡Hala!! Ya está... que se me estaba cansando la mano... y ríase cojones, que parece de la San Pablo CEU[7].

Terminó el profesor mientras se reía a grandes carcajadas...

Lucy: Gracias profesor, lo tendré en cuenta...

La secretaria cerró su carpeta y empezó su camino de vuelta hacia su vehículo, un pequeño utilitario de color crema.

Prof. G. Gränderbergen (gritando): ¡¡¡¡Lucy!!!!

(Intersticio musical)

BSO: The Beatles (1967) "Lucy in the sky with diamonds"

La joven se dio la vuelta con una mirada cansada aunque resignada.

---

[7] Dicen que los de la San Pablo CEU no tienen humor, pero que se lo pueden comprar si quieren.

CAPÍTULO 1

Lucy: Dígame profesor...

Prof. G. Gränderbergen (con marcada ironía): Gracias... Lucy.

(Intersticio musical)

BSO: The Beatles (1967) "Lucy in the sky with diamonds"

La muchacha asintió la cabeza con una sonrisa y se dio la vuelta para su marcha. Mientras tanto, el profesor reía mientras aplaudía intensamente...

Prof. G. Gränderbergen (volviéndose): Hasta luego, joder...

(Cortinilla de cambio de escena. Intersticio musical)

BSO: Batman (1966) "Original TV Soundtrack"
Nelson Riddle

CAPITULO I.5.

(Exteriores. En las cercanías de las casetas de materiales. Sobre una colina o promontorio cercano. Ritmo de personas subiendo y bajando, llevando materiales de un lado a otro. Jovenes hablando, muchachas distraídas)

BSO: Thames TV (1968) "Salute to Thames"
Jonhnny Hamksworth

(Gente murmurando)

Salvatore Marina (aproximándose al profesor): ¡Profesor!

Prof. G. Gränderbergen (alegrando su tez): Hombre, ¡Salvatore!

Los dos hombres se fusionaron en un sentido abrazo.

(Sonidos de abrazos displicentes)

Prof. G. Gränderbergen (sonriéndole): Buen día muchacho, tenía ganas de verle, se acaba de ir su archienemiga, jajajajajajaja.

Salvatore Marina (insinuando una leve sonrisa de Zamanillo): Sí, he escuchado a los muchachos mientras venia.

Los dos hombres sonrieron primero, y luego rieron a carcajadas.

(Sonidos de carcajadas emotivas)

Prof. G. Gränderbergen (calmándose poco a poco): Bueno, dígame, ¿qué tal han salido las fotos? ¿Han salido como queríamos?

Le indico al muchacho, mientras seguía riéndose a medio gas,...

Salvatore Marina (con la mirada perdida): Pues, más de lo que cree, profesor...

BSO: Mano Negra (1991) *"Out of time man"*

El día anterior, el profesor le había indicado al grupo de Salvatore, que llegaran un poco antes al sondeo, para poder realizar una serie de fotografías con la luminosidad de la mañana.

La luz era sumamente importante para diferenciar estratos y esa luminosidad de las mañanas de verano, hacía valorar las palabras del erudito.

Prof. G. Gränderbergen (interesando por las palabras del joven): Cuénteme muchacho, que ha vislumbrado...

Le preguntó el profesor, mientras rodeaba con su brazo el fornido deltoides y trapecio del muchacho.

Salvatore Marina (haciéndose el interesante): Uhmmm... Pues lo podrá ver con sus propios ojos profesor... Solo decirle que después de fotografiarlo todo, en el extremo sureste del corte se apreciaba algo distinto...

(Sonido de misterio)

Salvatore Marina: ...hicimos una picada de saneamiento y creo que encontramos un nivel del cuarto...

Comentó Salvatore en tono calmado...

(Sonido de misterio)

Prof. G. Gränderbergen (interesándose por esas palabras y poniendo pose de Horatio Caine): ¿Un nivel tardo...?

Preguntó el profesor, mientras se quitaba las gafas, las limpiaba con su camisa de cuadros, y volvía a ponérselas y mirar al muchacho, con una mirada más seria...

(Sonido de misterio)

Prof. G. Gränderbergen (incisivo): ¿Real o de flow?

Salvatore Marina: Uhmmm... Creemos que real, profesor.

Dijo el muchacho de forma calmada, pero dejando entrever una leve sonrisa. En esos momentos, llegó el profesor Blücher...

(Relinche de caballos salvajes[8])

...Codirector, de la excavación.

Prof. C. Blücher: Hombre Salvatore.

Salvatore Marina: Hola profesor Blücher...

(Relinche de caballos salvajes)

Díjole el muchacho.

Salvatore Marina (volviéndose hacia él): Le estaba comentando al profesor Gränderbergen los últimos hallazgos... Un nivel del cuarto...

(Sonido de misterio)

Prof. C. Blücher (escéptico): ¿Real o de flow?

Exclamó el profesor Blücher.

(Relinche de caballos salvajes)

Salvatore Marina (titubeando): mmmm... Creemos que real, Profesor...

(Sonido de misterio)

El profesor Gränderbergen, callado, encendiose un cigarro...

(Sonido tartamudo de mechero)

...dió unas caladas, miró al muchacho y cogiéndole otra vez del deltoides, exclamó.

Prof. G. Gränderbergen (exultante): ¡¡Cojonudo!! Sabíamos que teníamos que estar cerca... Por cota no nos habíamos pasado... Esperemos que no haya intrusiones de los putos medievales...

---

8 *El jovencito Frankestein* (Mel Brooks, 1974).

CAPÍTULO 1

Vitoreaba el profesor mientras golpeaba con fricción la espalda del joven Adonis.

BSO: *Mano Negra (1991) "Out of time man"*

Un nivel tardo se refería a un nivel tardoantiguo, fechable a partir del s. III-IV de nuestra era. Esa época era una época muy poco documentada en nuestro yacimiento, así que cualquier referencia al respecto era sumamente interesante.

Prof. G. Gränderbergen (moviendo la cabeza de Norte a Sur): Bien muchacho, acércate al laboratorio y pídele la cámara a la nueva restauradora que ha llegado. Tiene nombre de actriz, pero soy incapaz de recordarlo, aunque tiene una nariz preciosa[9]...

Decía el profesor mientras con su cabeza ladeada intentaba recordar el nombre de la fémina...

Prof. G. Gränderbergen (en tono imperativo): Cógela y te espero allí. Supongo que estarán Luca y la bella Easo...

Preguntó el profesor.

Salvatore Marina (asintiendo): Si claro, dónde si no...

Asintió el joven.

Salvatore Marina (alejándose): Voy enseguida para allá profesor. Espéreme allí...

---

[9] Panoramix tenía nasofilia (*Asterix y Cleopatra*. Goscinny & Uderzo, 1965) y eso que todavía no había visto a Monica Belluci (*Asterix y Obelix: Misión Cleopatra*. Alain Chabat, 2002). Aunque como vamos a olvidar a Elizabeth Taylor (*Cleopatra*. Joseph l. Mankiewicz, 1963); a Sophia Loren (*Noches de Cleopatra*. Mario Mattoli, 1953); a Vivien Leigh (*Cesar y Cleopatra*. Gabriel Pascal, 1945); a Claudette Colbert (*Cleopatra*. Cecil B. DeMille, 1934); o incluso a Leonor Varela (*Cleopatra* (TV). Franc Roddam, 1999) o Lindsey Marshal (*Roma*. HBO/BBC Television series. John Milius, William J. MacDonald, Bruno Heller 2005-2007) A nosotros y a nuestro editor nos mola el *peplum*...

(Sonido de misterio)

(Cortinilla de cambio de escena. Intersticio musical)

BSO: Batman (1966) "Original TV Soundtrack"
Nelson Riddle

CAPITULO I.6.

(Exteriores. Acercándose a las casetas de materiales, nuestro protagonista entra en las dependencias de Restauración, una caseta de obra acondicionada para tal fin.)

(Sonido de puerta abriéndose)

BSO: Gary Wright (1975) "Dream Weaver"
Wayne´s World Soundtrack (1992)

El joven entró en las dependencias del laboratorio por una pequeña puerta de acceso. El cambio de luminosidad entre las dos zonas hizo que su vista se nublara, entrando en las dependencias de restauración de forma torpona y vacilante.

Salvatore Marina (vacilante): Eeehhh, ¿hola?

Dijo el joven.

Salvatore Marina (Menos vacilante): Ehhh, ¿hola? Vengo a por la cámara del profesor...

Volvió a decir el joven mientras se atusaba los ojos para intentar ver...

<u>Restauradora</u> (enérgicamente): Hola... Ahora mismo te la doy.

Díjole una voz femenina...

Poco a poco, los ojos azules del muchacho se acostumbraron al nuevo ambiente, dejando ante sus ojos algo bello como él solo...

<u>Salvatore Marina</u> (exultántemente contento y susurrando): Vamos... ¡Ostias!

Clamaba en bajito el muchacho mientras observaba la belleza de líneas que se encontraban ante sus ojos...

<u>Salvatore Marina</u> (felicidad suprema): Madre mía, ¡¡por Dios!!

(Momentos musicales)

Unas líneas sinuosas, que realzaban la figura tallada y con una pétrea, sensual y suave delicadeza. Tenía un olor inquietante, como regado... Entre una mezcla arcillosa y el olor impregnante del paraloid al 50%. Su tez brillaba intensamente bajo la luz del foco, y la poca luz natural que entraba en la estancia adivinaba unas pocas rendijas por las que se podía ver su interior voluptuoso y colmatado...

Una mirada completamente placentera...

No había duda, era una de las mejores visiones que había tenido en mucho tiempo...

(Momentos musicales)

<u>Salvatore Marina</u> (admirando con los ojos vidriosos): Uuuuaaahhhh Terra Sigillata, seguramente sudgallica, s. I o II, con alguna reminiscencia indígena por lo que se aprecia en la decoración...

Susurraba el muchacho, mientras tocaba levemente con las yemas de sus dedos los finos relieves...

Restauradora (revelando una leve sonrisa preciosa): Así es...

Le susurro una voz femenina.

> BSO: Seal (1994) "Kiss from a rose"
> Piano versión

La voz iba en consonancia con una investigadora -que estaba aplicando tareas de conservación preventiva a todas las piezas antes de mandarlas al museo[10]- y se encontraba camuflada justo detrás de la pieza, por lo que el muchacho no se había percatado de su presencia.

> (Momentos musicales)

Restauradora (con una sonrisa más marcada y más bonita, si cabe): Así es...

Volvió a decir la joven, mientras levantaba levemente sus ojos que se enmarcaban dentro de unas gafas de pasta negra... Unos ojos verdes que brillaban con la misma intensidad que el flexo que iluminaba la pieza...

Los ojos de la dulce restauradora habían observado vehementemente los acercamientos que el muchacho había realizado. Él no se había percatado de nada.

---

10 «Para lograr una buena conservación después de la excavación, es de especial importancia una buena comunicación entre arqueólogos, conservadores, restauradores, arquitectos y vigilantes del lugar. Debe existir unidad de criterio entre ellos y una política que garantice. 1. La limpieza para su investigación, conservación y un almacenaje estudiado y seguro para los objetos. 2. La consolidación, protección y mantenimiento de los restos dejados en el sitio. En ambos casos, las medidas de intervención serán preventivas (mantenimiento activo) o de conservación (limpieza y tratamiento para reducir el deterioro)» (ICCROM 1985:18-19).

CAPÍTULO 1

Ella y sus esmeraldas habían seguido en todo el momento los movimientos del joven.

Restauradora (agitando lentamente la cabeza): Interesante reflexión...

Espetó ella mientras recogía su pelo negro, solo interrumpido por un leve flequillo...

Acercóle la mano de la cual colgaba la cámara a ese muchacho de mirada distraída.

Salvatore Marina (indefenso y a punto de capitular): Gra, gra, Gracias...

Balbuceó el muchacho de arenisca[11], acercando su mano para recoger el aparato, incapaz de quitar la mirada de aquellos ojos, se iba incorporando poco a poco a la verticalidad propia de su estado...

Restauradora (sincera y con una sonrisa capaz de quemar Roma[12]): Un placer...

Díjole ella mientras le entregaba la cámara, y casi involuntariamente sus dedos se rozaron por cuestión de un instante...

(Momentos musicales)

Dicen que el mundo se paró en ese momento... A lo mejor no se paró, pero todo iba como más lento, la brisa, el tiempo, los latidos de sus corazones...

Salvatore Marina (superado en todos los sentidos): El placer ha sido mío...

---

11 Un gran símil.
12 *Ante diem XV kalendas Avg. Anno DCCCXVII Ab urbe condita.* Que coincide con otra fecha clave en el mundo romano: *Ante diem XV kalendas Avg. Anno CCCLXVI Ab urbe condita. Dies nefasti.* (Batalla de Alia).

Volvió a susurrar el joven, mientras se alejaba lentamente dando pequeños pasos hacia atrás...

No podía dejar de mirar la tez de cocción oxidante... que se encontraba detrás de una forma abierta de servicio de mesa Dragendorff[13] 24/25...

EPILOGO

> BSO: Mystic (1990) "Ritmo de la noche"

El muchacho se sentía como Stendhal[14]...

La mirada de los dos jóvenes chocó en el espacio y en el tiempo. El aleteo de las alas de una mariposa... la cual era capaz de desencadenar un tsunami al otro lado del globo, era insignificante comparado con la percusión que produjo ese cruce de miradas.

Se acababa de producir una solución de continuidad[15]...

---

13 Hans DRAGENDORFF (1870-1941): Erudito alemán, padre del sistema de clasificación tipológica de la *Terra Sigillata* en 1896. Su esquema se basa en las diversas formas de los vasos, y aunque se ha ampliado y perfeccionado, todavía es común referirse a ellas con esta denominación. Imaginemos por un momento si se hubiera unido el semen de Hans DRAGENDORFF con el de Heinrich DRESSEL... Hubieran parido la madre de todas las tipologías. Nosotros nos los imaginamos en una masturbación grupal en un alfar, algo así como un *bukkake* cerámico. Algunos ceramistas se están tocando ahora mismo pensando en esa posibilidad (N. del A.).

14 «Había llegado a ese punto de emoción en el que se encuentran las sensaciones celestes dadas por las Bellas Artes y los sentimientos apasionados. Saliendo de Santa Croce, me latía el corazón, la vida estaba agotada en mí, andaba con miedo a caerme» (STENDHAL 1970).

15 Línea de fosa. Utilizamos esta expresión para describir el *punto jonbar* de nuestro héroe (N. del A.): «(...) ciertos productos pueden ser recibidos y comprendidos como resultado de una voluntad de ejercer una estimulación sexual cuando en realidad probablemente no era esa su finalidad primera (...) todo parece imaginable y los verdaderos determinantes están en el ojo del mirón...» (ARCAND 1991: 27-28). En este caso, abrid vuestros oídos.

CAPÍTULO 1 67

Chico conoce chica...

(Momentos musicales)

(Cortinilla de cambio de escena. Intersticio musical)

BSO: Batman (1966) "Original TV Soundtrack"
Nelson Riddle

INTERFACIES I-II

PREVIOUSLY

BSO: *Greatest hits*. Amor Estratigráfico Cap. I. (2014) [Elton John & Tim Rice]

Coming soon.

A colación del apabullante éxito —sobre todo entre la población femenina de *Técnicas Historiográficas Actuales* de la Universidad de Deusto— del libro de erotismo y metodología de la fotografía arqueológica «*50 sombras de Harris*», y después de las sugerentes y exuberantes críticas recibidas por prestigiosas revistas de la talla de «*Jalones y mazmorras*» o la revista de los amigos de las fechas radiocarbónicas «*Edad legal*», llega la segunda temporada de la radionovela del momento, *Amor Estratigráfico*.

Nos esperan más amor y sexo que en los libros de Renfrew y Bahn; más arqueología que en *La Aldea del Arce*; más metodología que Carandini paseando por *Melrose Place*; y tanta o más complejidad narrativa que en *Heidi*...

Una relación *pasive/agresive* entre el populacho arqueológico y los *princeps* universitarios. Más que una UE, más que dos UEs, esto es una actividad que llega a los más íntimo, y en lo más íntimo.

BSO: *Chilly* (2015)

Gel íntimo hidratante.¹

En lo más íntimo quiero, ¡¡¡¡¡¡AMOR ESTRATIGRÁFICO!!!!!!

«¡Si Arsuaga tuviera corazoncito, lloraría con esta radionovela!»

---

1 < https://www.youtube.com/watch?v=PACKuE1UT-E>

CAPÍTULO 2

CAPÍTULO II.1.

(Exteriores. A las puertas del almacén. Una suave brisa recorre todo el ancho y largo de la excavación. Gente trabajando, gente mirando el horizonte. Unas cuantas féminas charlan alegremente. En segundo plano aparece nuestro protagonista absorto en su propio mundo)

>BSO. El tercer hombre Soundtrack. (1949)
>"The Harry Lime theme" Anton Karas

Saliendo del almacén, el joven adonis estaba absorto, se encontraba pálido, un sudor frio le recorría la espalda esculpida a base de pico, pala y carretilla.

Su mirada, de un azul quasi estrellado, se perdía en la intensidad de la mañana. Metióse la mano en el bolsillo lateral de sus pantalones, sacó una pitillera, abriola, cogió uno de sus cigarrillos y encendiolo de forma pausada… dio una honda y amplia calada, una calada que hinchó su ya de por sí, gran pectoral. Un cigarro que con cada inspiración agitaba todos y cada uno de los sentidos.

Sentado en los escalones de la puerta disfrutaba de un momento de felicidad sublime.

<u>Salvatore Marina</u>: (Absorto) Uauuu, ¡Que felicidad sublime!

Sentose a la puerta del laboratorio, y volvió a sentir el sol en su rostro y reapareció su vista nublada, pero esta vez no titubeaba, sino todo lo contrario... solamente cerró los ojos, esos ojos claros espejos del alma y disfrutó de un pequeño momento de relax mientras, calada a calada, veía trasmutar sus pensamientos.

<u>Macarena Easo</u>: Salvatore... ¡Salvatore coño!

<u>Salvatore Marina</u>: ¿Eh? Ah, dime.

Dijo el mozo en tono calmado.

<u>Macarena Easo</u>: Coño Salvatore, qué haces aquí sentado absorto. Uy, si estas como pálido y helado.

Decía la joven andalusí tocando la cara del muchacho...

Al pasar la mano por ese rostro esculpido por el mismísimo Miguel Ángel, rozando y palpando con la yema de sus dedos su incipiente aunque poblada barba, la joven le susurraba...

<u>Macarena Easo</u>: (Preocupada) Amoreee... ¿Estás bien?¿Te encuentras bien?

Intuyéndose en las palabras de la bella cordobesa una preocupación por el estado de su compañero y amigo. En esos instantes, el chico abrió sus ojos y con una mirada fría y cristalina, miró fijamente a su amiga.

<u>Salvatore Marina</u>: (Todavía absorto) Si... Creo que si... Estoy bien... Muy bien.

Balbuceó el doncel.

Las palabras de Salvatore relataban unos hechos, primeramente mascullados pero luego firmemente pronunciados.

<u>Macarena Easo</u>: (Abriendo los ojos) ¡Qué habrás visto! ¡Si te ha cambiado hasta la mirada!

Musitaba la joven mientras no paraba de mirar los ojos mandorlados[1] del muchacho.

<u>Macarena Easo</u>: (Sensible) Hacía tiempo que no te veía así... Ese brillo en los ojos...

Decía la chica mientras seguía rozando el pómulo y la sien del mozo.

El muchacho volvió a cerrar sus ojos frente a la ternura recibida, girando levemente su cabeza hacia barlovento.

<u>Macarena Easo</u>: (En actitud de reproche) ¡Pero que no te vea yo así! ¡Ea! ¡Que me traes por el camino de la amargura!

Le gritaba la joven a la par que le agarraba el moflete como si de una abuela avulense se tratara.

<u>Salvatore Marina</u>: (Alzando la voz) ¡Quite señora, por dios! ¡Déjeme!

Alzaba la voz Salvatore en tono decimonónico, sonreía y reía por la forma en que le cuidaba la cordobesa.

<u>Macarena Easo</u>: (Con verdadera devoción) ¡Ayyy hijo mío! ¡Carne de mi corazón! ¡Salud de mi vida!

Gritaba la joven pizpireta a la par que besaba en la mejilla con

---

1 Nuevo palabro para nuestra lista de palabras creadas *ad hoc* para esta obra.

verdadera devoción la cara del muchacho. El, entretanto, cerrando el ojo cercano a ella, y ejerciendo resistencia mientras la joven baboseaba la tez on fire del lozano y fértil efebo, casto y célibe igual que su padre, y que el padre de su padre, -tradición familiar- intentaba ponerse en pie, aun teniendo que levantar poderosamente a la joven con sus dos portentosas musculaturas.

Macarena Easo: Uyyyyy... (gritito lascivo) ¡Ayyyy! ¡Vamos, cojones! Déjame en el suelo. (decía ella acaloradamente tocándose el pelo) Venga, que nos espera el profesor, que está esperando la cámara y a ti se te ha ido el santo al cielo. (volvía a decir la joven acalorada) Ya sabes que no tenemos que dejar mucho tiempo a solas a los cherrifs con Luca. (comentaba ella mientras colocábase la ropa) Mi rey, te dejo, que tengo que ver si encuentro a Lucy, que me parece que os va a tocar realizar el informe para la administración.

Comentábale la joven amazona alejándose suavemente en la lejanía, dando pequeños saltos y brincos,..

Macarena Easo: Mi rey...

Salvatore Marina: ¿Dime?

Interpeló él, mientras apuraba su cigar...

Macarena Easo: La próxima vez, sílbame[2].

(Momentos musicales)

---

2 «*No tienes que decir ni hacer nada. Quizás tan solo silbar... ¿Sabes cómo silbar, no, Steve? Únicamente juntas los labios y soplas*». Lauren Bacall. *Tener y no tener* (Howard Hawks, 1944).
Último disco de estudio de Mocedades con la formación de «los 6 históricos».
(—¿Por quÉ ponemos esta cita?; —No sé. Como dijimos que pondríamos las notas de carácter histórico; —¿Y esto quÉ tiene de Histórico?; —Aparece la palabra Histórico.; —Y en el canal Historia la palabra Historia. —*Touché.* [N. del A.])

BSO. La vuelta al mundo de Willy Fog (1983) "Rigodón"
Guido & Mauricio de Angelis [Mocedades]
(Cortinilla de cambio de escena. Intersticio musical)

BSO. Batman (1966) "Original TV Soundtrack"
Nelson Riddle

CAPÍTULO II.2.

Segmento 1

Segmento 2

(Exteriores. En la planicie de la excavación. Caminando entre los cortes va saludando a gente. El ambiente es distendido. Las chicas se empiezan a quedar en bikini, los chicos se quedan sin camiseta. Un@s y otr@s manosean y embadurnan sus cuerpos en crema con alta protección solar. Alguno bosteza mientras otros se miran entre ellos. Se escucha alguna risa)

BSO. Faster, Pussykat! Kill! Kill! (1965) "Opening"
Russ Meyer
BSO. Sevendust (1999) "Home"
Home

El joven caminaba hacia el lugar de trabajo con un paso firme y hercúleo aunque todavía distraído por lo que había visionado. Mientras tanto, el sol de la mañana impactaba en el terso torso del muchacho a ráfagas calóricas y cortantes, como si de una canción de Sevendust se tratara...

CAPÍTULO 2

(Disco rayado)

Salvatore Marina: Psss, oye narrador, que buen símil...

Narrador: Hombre, gracias joven, se me ocurrió el otro día en clase de spinning. No sé cómo me vino a la mente.

Salvatore Marina: Hombre, pues te has salido. ¿Algún temita en especial?

Narrador: Pues no se, pensaba en alguno de los comienzos, un *My ruin*, *Home* o un *Licking cream*...

Salvatore Marina: Ahhh, muy buena elección, pero por Harris prosigue. Prosigue.

Narrador: Bueno, que todas las interrupciones fueran asi. Por cierto, muy guapa la restauradora...

Salvatore Marina: jajajajaja, si, ya te digo, veamos cómo sigue la historia.

Narrador: Si, que nos ponemos a hablar y no terminamos el capítulo.

Salvatore Marina: ¡Ya te digo!

Ejem, bueno, a ver por dónde íbamos, ...nanannannna. Mientras tanto, el sol de la mañana impactaba en el terso torso del muchacho a ráfagas calóricas y cortantes como si de una canción de Sevendust se tratara...

BSO. Sevendust (1999) "Home"
Home

De camino a la cata, nuestro intrépido protagonista saludaba a las lozanas muchachas autonómicas.

Salvatore Marina: ¡Hola chicas!

Noia: ¡Oh! ¡Salvatore! Eres fuerte y esbelto como un espetec y dulce como un panellet. Un espectaculo como contemplar el Esculapi d'Empuries recortar el glauco cielo de l'Empordà...

Mocinha: Mmmmm... é dises que che deixa un regusto na boca como un bo ribeiro. E eses brazos esculturais, duros e carnosos ¡coma un pulpo con grelos debaixo da Torre de Hércules! ¡Qué deleite, por favor! ¡Non sei se me gusta ou me encanta!

Neska: ¡Ahh! ¡Ostia puta! Lodi eta fresko txakolin on bat bezalakoa da. Nahiz eta zikintzen duen arabar errioxako ardo on batek, nahiago nuke. Eramango nuke sagardotegi edo Herriko Sauna batera... ¡Ene! Gogora etorri dira irunaveleiako grafitoak...

Y se para en una cata cercana, concretamente en la cata 4, donde trabaja el equipo de la simpática Aza...

(Sonidos de gente trabajando).

Salvatore Marina: Qué pasa Aza. ¿Qué tal lo llevamos?

Mª Flor de Azahar: (Alegrandose) ¡Ey! ¡Hola Salvatore!

Dijole ella con una sonrisa soleada en su brillante cara.

Mª Flor de Azahar: ¡Cómo habéis madrugado hoy! ¡Qué prisa teníais!

Comentábale sin perder la sonrisa de ese angelical rostro.

Salvatore Marina: Jajaja, qué va pequeña, qué va. Las fotos, *tu ya sabes, mi amol...* cómo se pone el profesor con esos detallitos.

Reseñaba el muchacho mientras ojeaba con mirada ardua y rápida el corte rebajado donde estaba trabajando la muchacha con nombre de flor.

Salvatore Marina: (Mirando el corte) Pero bueno, hazme un abstract. ¿Algo nuevo bajo el sol?

Mª Flor de Azahar: No mucho.

Aclaró ella en tono seguro y sucinto.

Mª Flor de Azahar: Seguimos limpiando y delimitando las estructuras que ya viste, esos muros de *opus testaceum*...

Salvatore Marina: (Observando el corte) Bien... ¿Y la compañía?

Preguntole el esbelto doncel mientras la miraba con los ojos más hendidos de lo normal, a sabiendas que intuía algún problemilla.

Mª Flor de Azahar: (Despertando a la bella) ¡¡Ahhhh!! ¡Cabronazo! ¡La última vez que me pones en el grupo a una puta parejita! Son mazo de melosos, azucarados... ¡Los odio!

Gritaba ella aunque en tono bajito para no afectar la atención de los demás, en la oreja del muchacho, así como para no ser escuchada.

Salvatore Marina: Jajajaja... No será para tanto, coño...

Mª Flor de Azahar: (Indignadísima) ¿Que no? ¡Pero si van juntos a tirar el capazo!

La mirada de nuestro adonis se volvió rápidamente hacia la cara de la joven, con una mezcla de asombro e incredulidad,..

Salvatore Marina: (Melodramático, muy melodramático) ¿Pero que me estas contando?

Mª Flor de Azahar: (Con las manos en dressel 20³) Como lo oyes, van juntitos a tirar el capazo, cogiéndolo cada uno por un asa, lo tiran, lo agarra él, y luego vuelven cogiditos de la mano... ¿Qué se creen? ¿Que están en el Colegio de Arqueólogos de Valencia?

Explicábale ella haciendo los gestos que acababa de relatar.

Mª Flor de Azahar: (Invocando a Crom⁴) ¡Ahhh! ¡Qué ganas de machacar cráneos, masacrar aldeas y escuchar el lamento de mujeres!

Salvatore Marina: (Ruborizándose) Coño aza, te sabe la boca a sangre...

Mª Flor de Azahar: Uhmmmm... Como no cambien pronto, el paletin me va a oler a sangre, ya verás... Estoy por afilarlo y todo, jejeje...

Declarole la bella valkiria con una sonrisa que haría plantearse su virilidad a Serena Williams.

Salvatore Marina: Ehhhh...

Quitándole Hierro II Soto de Medinilla al asunto.

Salvatore Marina: (Fijando su mirada) Mucho cuidadin que es un paletín ingles...

Mª Flor de Azahar: Siii. tranqui.

---

3 «*Se distingue fácilmente de las demás producciones hispanas por el gran cuerpo globular de paredes gruesas, cuello corto y cilíndrico, pivote diminuto y macizo, asas cortas y gruesas de sección circular y perfil arqueado, borde con tendencia triangular*» (BERNI MILLET; GARCIA VARGAS 2012: < http://amphorae.icac.cat/tipol/view/1>). Se suele conocer como la *Dressel simpática* cuando va acompañada de la dressel 1, dressel 5, dressel 12 o dressel 14.

4 Deidad recurrente en la Era Hiboria.

Decía ella en tono calmado mientras se abrazaba al joven escultural y palpitante...

Mª Flor de Azahar: Yo al igual que tú y los Beatles, prefiero el paletín ingles.

> BSO. Yellow submarine (1969) "Yellow submarine"
> The Beatles

[Corte de escena]

Mª Flor de Azahar: (Volviendo a un plano terrenal) Pero bueno, corramos un estúpido velo (Sentenciose ella). Solo les falta darse de comer el uno al otro. ¡Cojones! ¡Son mazo de pesaos como personas!

Salvatore Marina: Si, ya sé lo que dices... Yo les he bloqueado del face porque estaba hasta la polla de que me dijeran lo que comían, lo que no, lo felices que eran y todas esas putas cosas...

Narrador: Ejem... eh... Hola, perdonad. ¿Sabéis que esta historia está ambientada antes del año 2000, y que todavía lo de las redes sociales no funcionaba?

Mª Flor de Azahar: Ya ya, narrador, lo sabemos. Es solo para contextualizar la situación.

Salvatore Marina: Ehh, ya sabes, para que se hagan una idea la gente de lo que es.

Narrador: Ah, vale, perdonad. Continuad como si esto no hubiere pasado.

Mª Flor de Azahar: (En plan gatuno) Bueno,... ¿Para cuándo unos cambios de compañía?

(Sonidos gatunos)

Preguntole ella mientras se acercaba al torso del joven en actitud de gata pizpireta, ronroneando.

Salvatore Marina: (Intimidado) Uhmmm, lo hablaré con el profesor ahora cuando hagamos el descanso. Pero no sé por qué, te va a decir que te intentes apañar como puedas.

Apuntaba el muchacho en tono conciliador.

Mª Flor de Azahar: (Gatuna) Lo sé, lo sé, me lo imagino…

Acató ella, aunque seguía rozándose de manera gatuna…

Mª Flor de Azahar: (Abriéndose una puerta hacia R´lyeh[5]) ¡Pero hay veces que me entran ganas de que caiga toda mi ira sobre ellos!

BSO. La sagrada familia (1987) "Gaudi"
The Alan Parsons Project

Salvatore Marina: (Moviendo la cabeza afirmativamente) Lo sé… Cómo me recuerda esto de cuando estuve en las islas, cartografiando el muro de Adriano.

Recordó el muchacho con sencillez.

Mª Flor de Azahar: ¡Qué bueno! ¡Qué gran proyecto!

Díjole ella desabrazandolo[6] de forma rápida pero sin dejar de sobarlo.

Mª Flor de Azahar: ¿Con quién estuviste?

Salvatore Marina: Estuve colaborando en el proyecto del

---
5 Para saber más sobre estas puertas, consultar: (FRIGOLI 2010)
6 New palabro para la sección de palabras creadas *ad hoc*.

CAPÍTULO 2 81

profesor Parsons... Hace unos años cuando estuve en Britania...

Mª Flor de Azahar: (Insinuándose una leve sonrisa en su rostro) ¡Ahhh! ¡Qué bueno! Estuviste trabajando con el profesor Parsons... Con el profesor Alan Parsons... En su proyecto...

(Momentos musicales)

BSO. La sagrada familia (1987) "Gaudi"
The Alan Parsons Project

Salvatore Marina: (Con el pecho caído hacia arriba[7]) Si.

Mª Flor de Azahar: ¡Qué guapo! ¿Y qué tal?

Salvatore Marina: (Como quitándole importancia) Bien, muy progresivo...Ya sabes cómo son esos... estos britanos... Son muy incisivos y caninos, y a veces hasta molares.

Mª Flor de Azahar: Ya, ya...

Comentaba ella mientras con su mano izquierda se retorcía un mechón de pelo que sobresalía de su trenza deshilachada.

Salvatore Marina: (Argumentando) Incluso conseguimos un premio cuando estábamos en la Universidad de Toulouse Lautrec. Alan no podía ir y me tocó a mi recoger el premio, delante de toda la plana mayor del CNRS, qué vergüenza, por Harris, todavía me acuerdo...

(Sonido de lira)

(Aplausos)

Madame Turifell: Et est accordée... Prix de la recherche scientifique, Médaille d'or du CNRS, l'Alan Parsons Project...

---

7 *Twist, twist, twist as loca*. Los toreros Muertos. (1986) 30 años de éxitos.

(Aplausos)

Marianne Ténéze: ...Dr Marina perçoit pour le compte de l'Alan Parsons Project.

(Aplausos)

Salvatore Marina: Gracias. Thanks. Merci... ehh, ejem, ejem...

BSO. *A tout le monde (set me free) (2007) "United abominations"*
Megadeth

Salvatore Marina: A tout le monde... A tout les amis... Je vois aime... Je vois parti...

(Aplausos)

BSO. *Moi... Lolita (2000) "Gourmandises"*
Alizeé

Salvatore Marina: Lo-li-ta

Desconocida: ¡Olé tus güevos, Salvatore!

(Aplausos)

(Sonido de lira)

Mª Flor de Azahar: (Emocionada) Vaya... ¡Qué recuerdos!

Salvatore Marina: Si. Ese fue un buen año... el '94[8]. Buen año... El mejor año musicalmente hablando, claro está.

Mª Flor de Azahar: Por cierto...

---

8 Entre 1993 y 1995, escuchamos estos discos: *Sepultura*. Chaos A.D. (1993); *White Zombie*. Astro creep 2000 (1995); *Faith no more*. Angel Dust (1992); *Korn*. Korn(1994); *Pantera*. Vulgar display of power (1992); *Machine Head*. Burn my eyes. (1994); *Biohazard*. State of the world address (1994); *Fear Factory*. Demanufacture (1995); y una de las mejores bandas sonoras jamás editadas, la de *Judgment Night* (N. musical del A.).

Salvatore Marina: Dime...

> BSO. Mah na mah na (1968) "Svezia, inferno e paradiso"
> Piero Umiliani

Mª Flor de Azahar: ¿Has escuchado lo ultimo de Amon Amarth?

Salvatore Marina: ¿De quién?

Mª Flor de Azahar: Amon Amarth...

Salvatore Marina: ¿Quién?

Mª Flor de Azahar: Amon Amarth…

> BSO. Mah na mah na (2002) "Cake"
> VA. For the Kids. Save the music foundation

(Cortinilla de cambio de escena. Interticio musical)

> BSO. Batman (1966) "Original TV Soundtrack"
> Nelson Riddle

CAPÍTULO II.3.

 Segmento 1    Segmento 2

(Exteriores. Cerca de la cata 2 se acerca uno de los protagonistas. El viento ondea su cabello mientras lentamente se acerca. En la cata, le están esperando los profesores y sus compañeros que hablan calmadamente entre ellos, aunque el ambiente parece tenso)

BSO. Top Gun Soundtrack (1986) "Top Gun Anthem"
Harold Faltermeyer & Steve Stevens

Nuestro intrépido investigador sigue en su Vía Apia, camino al corte excavado para explicar las nuevas novedades encontradas hace un par de horas. De sus esculturales brazos, se balancea la cámara de fotos que ha recogido de la mano de aquella venus que se escondía en el clarooscuro del laboratorio. Aunque su mente seguía en una nube, sus responsabilidades eran mayores que sus deseos. Había dejado por un momento toda realidad mundana, pero la fría sensación de explicar lo acontecido sin temor a equivocarse, le sumía en una posición trascendente. En conversaciones anteriores con los responsables, había apostado por realizar una cata en un lugar nada propicio para ello, incluso con la negativa de otros compañeros en un primer momento, el decidió realizarla. No hay que decir que tanto Maca como Luca confiaban en su tesis. El temor a equivocarse no le preocupaba; involucrarlos a ellos en sus teorías erróneas sí.

Si verdaderamente eran correctas sus hipótesis, se deberían reescribir parte de las tesis aceptadas, lo que llevaría un trabajo desolador de búsqueda de información en memorias antiguas, que eran aceptadas por todos sin atisbo de críticas.

Mientras se acercaba, veía a lo lejos a los profesores y Luca charlando amenamente, mientras Maca hacía lo propio explicándoles el corte a algunos alumnos nuevos que se acababan de incorporar.

Prof. G. Gränderbergen: Vaya, Salvatore, ya era hora. Creíamos que se había olvidado de nosotros.

Comentaba el profesor en su característico timbre.

Salvatore Marina: Perdón por el retraso, me entretuve en el corte de Aza (Aclaró nuestro tunante amigo). Está dejando el corte la ostia de guapo.

Disertó el adonis mientras le entregaba la cámara de los Lores al Profesor Blücher.

(Relinche de caballos salvajes)

Salvatore bajó a la cata de un salto seco y preciso, y se acercó a la parte Noroeste que había sido limpiada por sus compañeros. Mientras tanto, Luca se acercaba a su amigo y le decía al oído...

Luca di Tena: ¿Qué pasa tato? Un poco más y me toca explicarlo a mí.

Notándose en su voz un pequeño recelo ante esa situación.

Salvatore Marina: Ya, ya... Non ty preocupare. Me he entretenido.

Luca di Tena: (Con sonrisa de Zamanillo) Pues como te veo, y con lo que me ha contado Maca, debe haber sido algo *troppo troppo bene...*

Le susurró el italiano mientras con un golpe de aprobación rozaba su terso trapecio musculado y su espalda tonificada. Una sonrisa cómplice apareció en la cara de los donceles.

Prof. G. Gränderbergen: A ver, Hugin y Munin[9]. Contadme cosas. ¿Qué habéis visto que sea tan importante para tenernos aquí mirando vuestro corte?

Repuso el profesor mientras se sacaba un *cigar* y le ofrecía a Colin.

---

9 *Hugin* es el pensamiento y *Munin* la memoria. En la mitología nórdica, son un par de cuervos asociados a Odin. Eran enviados al alba a recoger información y regresaban al atardecer. Se posaban en los hombros del Dios y le susurraban al oído las noticias. (SAN JOSÉ BELTRÁN 2015:) En nuestra profesión, tanto real como imaginada, estos dos cuervos se hacen indispensables (N. del A.).

Prof. G. Gränderbergen: ¡Colin!

El Pr. Blücher...

(Relinche de caballos salvajes)

...en una secuencia paralela, se acercó y de su mano le ofreció el mechero. Los dos profesores encendiendose cada uno su *cigar*, miraban contemplativos a los muchachos.

Maca, en un aparente segundo plano, hacía lo propio mientras se sentaba en un horizonte orgánico edafológico[10] (O) esperando la explicación de sus camaradas. Aunque ella sabía tanto o más que sus compañeros, le gustaba más escuchar que hablar. Cuando esas palabras tenían que ser impresas, la voz cantante la tomaba ella. Los campos de acción de cada uno estaban perfectamente delimitados.

Prof. G. Gränderbergen: (Imperativo) Hablad, hijos de Harris.

Los dos jóvenes se miraron, y cortésmente, Luca le cedió la palabra a su amigo, que con un movimiento leve de cabeza, se lo agradeció...

BSO. La clave (1976) "Sintonía"
Carmelo Bernaola

Salvatore Marina: Con la venia... Bien, os presentamos el corte donde hemos estado trabajando estas últimas semanas. Como podéis ver en la esquina Noroeste, descubrimos una capa de cenizas, de coloración grisácea, la cual hemos delimitado en casi toda la superficie del corte excavado (Relataba nuestro héroe con voz indeterminada). Como recordareis... hemos estado quitando la gran mayoría del tiempo estratos con una cantidad ingente de cerámica altoimperial, —Terra Sigillata hispana f29, 37b y formas lisas

---

10 A.k.a. en el suelo.

f4, f20 y f17 sobretodo, lucernas de volutas, de canal y de disco, de entre el s. I /II de nuestra era— pero estos niveles solían estar revueltos, sin definición clara, incluso con multitud de piezas republicanas —t.s. Itálica, algún fragmento de megárica— que pensamos que no eran intrusiones, sino piezas con una perdurabilidad muy larga (La voz del muchacho cambiaba de tercio). Sin embargo, después de leernos las monografías anteriores, y sobre todo los diarios de excavación de los años '50, creemos que llevamos excavando durante esta semana...

(Sonido truculento)

Salvatore Marina: La terrera de las excavaciones del profesor Barondandyaran[11].

(Sonido de misterio)

Los chavales que habían venido de nuevo cuchilleaban entre ellos, mientras los dos profesores se miraban e iban apurando sus *cigars*... ¡Qué truculento era todo! Uy uy uy uy.

Salvatore Marina: (Muy seguro de su sexualidad) Y si nuestra teoría es acertada (Decía Salvatore mientras miraba a Luca y a Maca que afirmaban con la cabeza). Creemos que hemos estado excavando la terrera...

(Sonido de misterio)

Salvatore Marina: ...que produjeron en los años '50 la excavación anterior...

Prof. G. Gränderbergen: (Terminando la frase del joven)... de las cuadrículas *Wheeler* de Barondandyaran. ¿Ehhh?

Murmuraba Gordon mientras miraba a Colin y este movía la cabeza afirmativamente.

---

11 El arqueólogo que mejor huele.

El ambiente se quedó mudo.

(Sonido de grillos)

[Corte de escena]

Uno de los chavales, en bajito, comentaba con su compañero de al lado a qué se referían con las cuadrículas *Wheeler*. Pero no tan bajo era el sonido que esas palabras llegaron a oídos del profesor Gränderbergen.

<u>Prof. G. Gränderbergen</u>: (Volviendo su tez hacia los muchachos) Chicos, atended. Se está refiriendo a la excavación del profesor Barondandyaran, mediante cuadrículas *Wheeler* que se encuentra a escasos 50 metros de aquí.

Comentaba el magister mientras señalaba con su mano alzada hacia el sureste.

BSO: Out of time man (1991) "King of Bongo"
Mano Negra

El método *Wheeler* es un sistema de excavación desarrollado por Sir Mortimer Wheeler[12], donde a partir de

---

12 Sir Mortimer Wheeler (1890-1976): Arqueólogo británico famoso por la introducción del método de excavación estratigráfica que lleva su nombre. En su obra (*Archeology from the earth*, 1954) revindico siempre que la arqueología no desenterraba objetos sino gente, así como que «*No hay una forma correcta de excavar, pero si muchas erróneas (...) En el mejor de los casos, excavación es destrucción, y la destrucción que no se mitiga por todos los medios con los recursos del conocimiento contemporáneo y de la experiencia acumulada nunca será censurada con el suficiente rigor...*». Más de 50 años después de estas palabras, se sigue destruyendo sin conocimiento y sin experiencia, y sin pensar en la gente, tanto pasada como (pensamos) futura, y mira que también lo decía nuestro amigo Mort en líneas ulteriores: «*A menos que los fragmentos y las piezas con las que trabaja estén vivas para él, a menos que tenga el mismo contacto con ellas, es preferible que busque otras disciplinas para trabajar...*». (DANIEL 1967: 244-252). Querido Mort, solo te voy a decir una palabra: *Hifefilia*.

unas cuadriculas realizadas mediante cuerdas y piquetas clavados en el suelo, se va excavando el terreno de manera vertical dejando testigos paralelos de tierra sin excavar, lo que permite elaborar un lectura estratigráfica entre las paredes de una y otra cuadricula, pero que sin embargo deja ocultas las relaciones estratigráficas entre unidades.

Prof. G. Gränderbergen: Esta tarde os llevare allí para que podáis verlas.

Estudiante#1: Ah, vale profesor, gracias. ¿Pero como ha llegado a esa conclusión?

Pregunto el joven muchacho.

Salvatore Marina: (Explicándolo) No lo sabemos a ciencia cierta, chaval. Solo estamos comprobando que hemos estado excavando unos niveles revueltos que son casi con seguridad altoimperiales, aunque encontramos muchas piezas republicanas. Y debajo de ellos, encontramos un nivel que podría corresponderse con un nivel tardo. ¡Eso no es posible! ¡La estratigrafía no puede darse la vuelta como un flan!

Prof. C. Blücher: (Sentenciando) *Los procesos que afectan a la formación del territorio crean una serie de condiciones específicas en el mismo terreno claro, sobre las que se desarrollan los procesos de formación de los paisajes históricos...*

Parafraseaba el Pr. Blücher,..

(Relinche de caballos salvajes)

BSO. *Dead Poets Society Soundtrack (1989) "Keating´s triumph"*
Maurice Jarre

...a Sanchez Palencia, que a su vez parafraseaba a Barker[13].

Prof. G. Gränderbergen: ¡Touche! amigo mío.

Sentencio Gordon.

Los muchachos estaban ante una discusión estratigráfica de primer orden. Se sentían dentro del club de los poetas muertos.

Prof. G. Gränderbergen: (Tocandose la barbilla) Ergo... Lo que estás pensando Salvatore, es que la terrera de los '50 ocupó este espacio, por lo que los raíles de las vagonetas[14] estarían en esta línea... Y eso lo has teorizado leyendo las memorias y diarios de Barondandyaran[15].

Salvatore Marina: Lo hemos teorizado, profesor. Nos encargamos entre los tres de echarle un vistazo.

Macarena Easo: Cuando estábamos picando sentíamos que la tierra estaba poco densa, estaba como desmenuzada.

Replicó la andalusí desde las alturas.

Prof. G. Gränderbergen: ¿Y pensáis que es cierto?

Luca di Tena: Pensamos que es posible...

---

13 SANCHEZ PALENCIA, F.J; RUIZ DEL ARBOL, Mª.; (2000): «Estructuras agrarias y explotación minera en Lusitania nororiental: La zona arqueológica de Las Cavenes. (El Cabaco, Salamanca)». Sociedad y Cultura en la Lusitania Romana. IV Mesa redonda internacional. Mérida.

14 «...al hablar de vagones el lector no debe imaginar que teníamos una línea férrea tendida hasta el río a nuestra disposición (...) solo teníamos unos raíles que se tendían a medida que las vagonetas avanzaban, colocándolos una y otra vez en cadena» (CARTER 1954: 99).

15 Leer, escribir y arqueología. «Otra tarde, salí con los maestros a conocer Los Toros de Guisando, y en un prado comencé a leer bajo un árbol, leía en voz alta y las palabras nacían tiernas, soñadas, reveladas como la misma hierba que en el prado crecía...» (ZAMBRANO 1977).

CAPÍTULO 2   91

Replicó Luca uniéndose a las explicaciones de sus compañeros.El ambiente se quedaba absorto, solo unos pajarillos se oian.

Prof. C. Blücher: Apoyo sus teorías, Gordon. No van desencaminados totalmente. Sabemos que las informaciones de las memorias antiguas no las solemos contrastar. Deja a los chicos que nos lo demuestren[16].

Dijo Colin mientras agarraba por el hombro a su homónimo. Mientras deliberaba, el profesor mascullaba palabras inaudibles, hasta que de pronto, proclamó...

Prof. G. Gränderbergen: Jajajajaja, Salvatore... ¡Eres un exégeta[17]!

Salvatore Marina: *(On fire)* No profesor... Solo soy un postprocesualista[18].

Todo el corte rió a grandes carcajadas, perdiéndose en el ambiente. Solo interrumpido por una adorable voz que se escuchaba en las cercanías.

---

16 «*Ocurrió que inevitablemente los Nuevos Arqueólogos se hicieron viejos. De ser unos jóvenes investigadores entusiastas con ganas de dar un revolcón a la arqueología, se convirtieron en profesores con el puesto de trabajo seguro (...) y ocuparon cargos en comités influyentes con voz y voto sobre los organismos responsables de financiar la Arqueología*» (JOHNSON 2000: 49-50). Curioso cómo se asemeja este ejemplo al panorama actual, y no solo arqueológico.

17 Persona que interpreta o expone un texto. [<http://buscon.rae.es/drae/srv/search?val=exegeta>]

18 Movimiento reaccionario contra la Nueva Arqueología o arqueología procesual, de la cual tildan de inadecuados los enfoques de la interpretación arqueológica, rechazan el tratamiento que hace del comportamiento humano e insisten en que una reconstrucción completamente objetiva del pasado es imposible. Alguno también la llaman Cajón de sastre donde se incluye todo aquel que no comulga con el procesualismo. O como se diría en *El hombre que susurraba a los verracos* –el nuevo guion sobre el que está trabajando nuestro equipo: «*Los arqueólogos no deben aspirar a ser científicos comprometidos en reconstruir el pasado tan objetivamente como sea posible, sino escritores o críticos de sensibilidad que extraen el significado del registro arqueológico y producen textos secundarios que requieren su propia interpretación y deconstrucción*» (FRANCH 1998; 85).

Restauradora: Vaya, parece que se os esta amessughando[19] la excavación...

> BSO. Meshuggah (2013) "Koloss"
> Demiurge

Pregunto la bella restauradora, helando la mirada de Salvatore. Las palabras de la joven —que llevaba un largo rato escuchando las explicaciones del joven— sonaron con una agudeza desgarradora. Y el término que utilizo para definir complicación era todavía más excelso si pudiera ser posible... ahhh, 6,6,6...

(Sonido de vinilo cortado)

Perdón, me he emocionado.

Prof. G. Gränderbergen: (Alegrándose la vista) Hombre, muchacha. ¿Que hace saliendo de sus dominios? Por cierto, perdone mi memoria, ¿me había dicho que su nombre era?

Restauradora: #@gftnñ%&!!...

(Sonido censura)

Prof. G. Gränderbergen: ¡Es cierto! Mi memoria. Precioso nombre, al igual que su portadora... jajajajaja

Rió el profesor mientras la joven se ruborizaba de forma tímida.

Maca había bajado al corte con sus compañeros cuando empezaron a explicarles la teoría a los profesores, acercándose a ella Luca, le dijo al oído.

---

19 Otra de nuestras palabras creadas *ad hoc*.

Luca di Tena: ¿Princesa Lambra[20]?

Macarena Easo: (Afirmando lésbicamente) Es posible, apunta maneras...

Dijo ella fijando su mirada en Salvatore que seguía envuelto en un halo de sueño.

Prof. G. Gränderbergen: Bueno, señorita, dígame qué hace por estos lares, manes y penates[21].

Restauradora: (Preciosísima) Ah. Nada profesor, venía a entregarles el 15-80 de la cámara. Se me olvido adjuntárselo.

Dijo ella mientras miraba de reojo al fornido arqueólogo.

Prof. G. Gränderbergen: Gracias, señorita, seguro que esos vapores del paraloid hacen que se distraiga, jajaja

Reía mientras le cogía el objetivo.

Restauradora: (Palpitante) Si profesor, distraída eso lo que me pasa...

Dijo ella mientras clavo la mirada en el joven adonis.

Esa mirada dejo perplejo a nuestro héroe, mientras al otro lado de la cata, Maca afirmaba con la cabeza...

Prof. G. Gränderbergen: Gracias señorita, por cierto, ¿Va a limpiar esta tarde el laboratorio?

---

20 Farsa en un acto escrita por Miguel de Unamuno en 1909. En 1910, en la publicación El Adelanto (Diario político de Salamanca Año XXVI Número 7884) del día 26 de febrero, aparece una reseña de la obra, en donde el propio Unamuno le relataba a Parmeno —el cronista del Heraldo— la trama de esta historia, en la que se siente encantado, sobre todo «...de un excelso monologo de un arqueólogo ante la estatua yacente de la princesa, muerta en el siglo XII, a los veinte años, estatua de la cual está enamorado» <http://prensahistorica.mcu.es/es/estaticos/contenido.cmd?pagina=estaticos/presentacion>

21 *Dioses domésticos*, vamos, de andar por casa, o por cata.

> BSO. Bonnie and Clyde (1968) "Avec Brigitte Bardot"
> Serge Gainsbourg

Restauradora: (Dulcemente) Si profesor, así lo hare. Aunque no sé si podré mover algunas de las cosas que hay desperdigadas.

Dijo ella mientras poco a poco iba volviendo su mirada de forma lenta y francesa.

Prof. G. Gränderbergen: No se preocupe, estos chicos y Lucy tienen que hacer un informe... así que ya que están en oficina, no tendrán reparo en ayudarla. ¿Verdad chicos?

Preguntó el profesor mientras los muchachos afirmaban.

Restauradora: Será un placer entonces. No vemos esta tarde.

Salvatore Marina: Ergo,... Allí estaremos,....

Los dos jóvenes se miraron como si nada ni nadie hubiera o hubiese a su alrededor.

El Pr. Gränderbergen, aunque tenía fama de distraído, se enteraba de casi todo, ya que era una persona atenta a los detalles, acercándose a Salvatore, y agarrando su fría figura desnuda y tallada, le dijo...

Prof. G. Gränderbergen: (Cortésmente) Ahh, muchacho. Cuando le veo, me gustaría tener 20 años menos y ser mujer...

Salvatore Marina: Eehh, gracias, profesor, creo...

(Grillos)

(Cortinilla de cambio de escena. Intersticio musical)

CAPÍTULO 2  95

BSO. Batman (1966) "Original TV Soundtrack"
Nelson Riddle

CAPÍTULO II.4.

 Segmento 1    Segmento 2

(Exteriores. En la mitad de la zona excavada, debajo de una carpa. Con calores sofocantes y un viento tenue dirección N/S. Sonidos de gente hablando, chicas comentando cosas. Pajarillos sobrevolando la excavación. Un perro de pequeño tamaño se lame sus genitales con fricción y obsesión, mientras es observado por uno de los chicos con gafas de pasta)

BSO. Opening. (1986) "La Aldea del Arce"
Emilio Aragón y Rita Irasema [Monano y su banda]

Serían las 10 de la mañana, hora de un pequeño tentempié, nos juntábamos todos debajo de una carpa que habíamos alquilado al dueño de La Ostra Azul —el bar del pueblo donde comíamos— y la teníamos colocada en la explanada, siendo la única sombra de un tamaño considerable en toda la zona excavada. Unas pequeñas neveras de color azul, hacían las veces de frigorífico donde siempre había algo de...

(Sonido de vinilo cortado)

¿Agua? [¿Seguro que solo hay agua? Ahh, vale]

Mientras llegábamos, veíamos acercarse a Lucy que había salido de su utilitario color crema con dos docenas de barras.

Cuando llegó, el profesor la miró extrañado...

Prof. G. Gränderbergen: (Extrañado) Ehh, Ehh, muchacha... ¿No te has pasado un poco con el pan?

Díjole el profesor.

Lucia Ferdel Campo: (Haciendo un ligero movimiento de hombros) No sé profesor, a mi lo que me ha dado el del bar...

> BSO. El Señor de los anillos (2001) "The breaking of the fellowship"
> Howard Shore

Prof. G. Gränderbergen: (Achinando los ojos) Pero... ¿No lo entiendo? Si le dije a Luca que le mandara un mensaje para pedirle algunas barras más... Pero me parece que nos hemos pasado.

Lucia Ferdel Campo: (asintiendo) Ya... Yo también me he quedado extrañada, y estaba excesivamente contento nuestro metre...

Cuando llegó Luca, en lo primero que se fijo fue en la inmensa cantidad de pan que había traído la joven secretaria departamental, suspirando y maldiciendo...

Luca di Tena: ¡Aissshh! ¡Schifo! ¡Vaffanculo! ¡Cabronazo!

Prof. G. Gränderbergen: ¿Qué pasa, muchacho? ¿Qué le sucede?

Preguntó el profesor al joven italiano.

Luca di Tena: (Aturdido) Niente profesore, He probado la mia medicina...

CAPÍTULO 2

> BSO. Tu medicina (1998) "Insomnio"
> Hamlet

(Sonido de Grillos)

Prof. G. Gränderbergen: (Asintiendo) Ya, ya, hijo... Tú creías que se estaba adosando y al final te han acabado rellenando[22]... ¿Eh?

(Sonido de Grillos)

Luca di Tena: (Levantando levemente la ceja izquierda) Ehhhh, algo así profesore... Y encima no podré cenar esta noche.

En ese instante, el profesor Blücher...

(Relinche de caballos salvajes)

...abrió su boca para sentenciar la conversación...

Prof. C. Blücher: (Reflexionando) ¿Ibas a hacer tortillas, verdad?

Luca di Tena: (Dándole la razón al profesor) Si, certo... Así era, Pr. Blücher...

(Relinche de caballos salvajes)

Prof. C. Blücher: (Insinuando una leve sonrisa) Vaya... El cazador cazado...

El Pr. Gränderbergen seguía absorto y pensativo, y mientras bebía un trago de agua, se dio cuenta de la broma, no pudiendo contener ni la risa ni el liquido en su buche, exclamando...

---

[22] Todos nos hemos adosado para acabar rellenando. (leer entre líneas, digo estratos)

Prof. G. Gränderbergen: (Eurekarizando[23]) ¡Jajajajajaja! ¡Por fin, alguien se atreve! jajajajajaja

Los jóvenes miraban expectantes a los más mayores, mientras Maca ayudaba a Lucy a cortar el pan...

Estudiante#1: ¿Oye majete? ¿Qué hay de vianda?

Macarena Easo: (Enérgicamente) Chopped, mu rico.

Noia: (De forma ilusa) Vaya, Luca nos dijo que para comer había cabecero[24]...

Maca se levanta, se acerca enérgicamente al italiano, le mete una colleja del quince y exclama...

Macarena Easo: (Vibrando) ¡Puto italiano!

Todos reían mirando a Luca que insinuaba una leve sonrisa aunque todavía tenía un matiz borroso en su cara por la puyita anteriormente asumida. Llego Salvatore, miro el percal y girando su melena al viento, dijo...

Salvatore Marina: (De forma tranquilizadora) Vaya, el cazador cazado... ¿Eh?

Luca se rió. Dió un trago de una litrona que acababa de abrir y se la pasó a su fibroso compañero.

Limpiándose la boca con una suave pasada de su mano izquierda, dió un largo trago mientras echaba para atrás la cabeza. Con ese gesto, su prominencia laríngea se movía en espasmos voluntarios, realizando una visión idílica con el sol a su espalda. Tanto el néctar como el joven adonis estaban empapados en acuosas y pequeñas gotas refrescantes.

---

23 Otro palabro creado *ad hoc*.

24 No creo que tengamos que explicarlo. Si fuera necesario, póngase en contacto con nuestro amado editor.

CAPÍTULO 2 99

Unos suspiros se escucharon levemente entre las estudiantes más jóvenes.

Masa femenina: (Suspirando) ¡¡Ahhhhhh!!

> BSO. Pasión de gavilanes soundtrack[25] (2003) "Fiera inquieta"
> Ángela Maria Forero

Salvatore terminó su trago... Con un leve movimiento de su serpenteante lengua limpió su fino bigote rubio y su labio rosado superior de unas pequeñas gotas del líquido áureo, haciendo palpitar los jóvenes pechos de las futuras arqueólogas.

Salvatore Marina: (Disfrutando del momento) ¡Oh, por Harris[26]! ¡Qué placer[27]!

La gente suspiraba, mientras gotas del hombre en estado líquido se perdían en la inmensidad de la tierra.

(Sonido gota)

Masa femenina: (Suspirando) ¡¡Ahhhhhh!!

Terminado el deleite, girando su busto con un movimiento de izquierda a derecha, como UPyD, miró a Luca y exclamó.

Salvatore Marina: (Muy profesional) Vaya, así que te han cazado, ¿Eh?

Prof. G. Gränderbergen: (Alegremente) Al fin, Salvatore... Una pena que no haya sido uno de nosotros. Pero esta victoria me hace sentirme como la línea Magginot, ¡Jajajajaja! Todavía recuerdo lo de Ostia...

---
25 Porque hasta el más macho de los machos se enamora.
26 Harris es dios y Carandini su profeta.
27 Si se pudiera colgar, sería un precioso Tintinnabulum.

Masa: ¡El puerto de Roma²⁸!

[Corte de escena]

Los jóvenes muchachos, entre bocado y bocado de su suculento bocata de chopped —algunas veces se le íba la pinza a Lucy y traía de esas con aceitunas, un luxery, vaya— y algunos tragos a las cervezas o agua, miraban a los mayores...

Mocinha: (Preguntando) Profesor, ¿Qué es eso de Ostia?

Masa: ¡El puerto de Roma!

Mocinha: (Con gestos de aprobación) Ya, ya, pero ¿A qué se refiere lo de Ostia?

Mientras la muchacha intentaba con gestos de aprobación que sabía de lo que hablaba pero que no sabía de donde venía.

Masa: ¡El puerto de Roma!

La risa de los mayores se entremezclaba con los sonidos de la masticación de los jóvenes.

Mocinha: (Mirando al profesor a los ojos de forma sumisa) Profesor... ¡Cuéntenoslo!

Salvatore Marina: (Uniéndose a las palabras de la joven galega) ¡Venga maestro! No se haga de rogar.

Prof. G. Gränderbergen: (Alegrándose su tez) Jajaja, muchacho... Hágame el favor y cuéntelo usted. Hoy me gustaría saborear todos los momentos posibles para poder putear a nuestro simpático trasalpino... Jajajaja

---

28 «Has oído una falsedad. Las noticias adoptan extrañas formas cuando atraviesan el mar» (ANDERSON 1991: 42). Nuestro querido profesor cuando nos contaba su teoría, siempre nos decía la misma frase, lo que no sabemos es si se refería a sí mismo, a alguien o algo.

Mientras se acercaba a Luca y le daba un fuerte abrazo amigable, que seguía absorto.

Prof. G. Gränderbergen: (Haciendo gestos con las manos, de inmediatez) Empiece muchacho, no se haga usted de rogar... Jajajaja. Esta vez lo voy a disfrutar... (Continúa riéndose)

> BSO. Apocalyptica (2003) "Reflections"
> Cohkka

Salvatore Marina: (Serio, muy profesional. El concepto es el concepto[29]) Bien, como quiera, profesor. Gente, lo que os voy a contar sucedió hace quatro campañas. Y esto que os voy a contar fue lo que comentaba Luca a los jóvenes como vosotros que por aquel entonces hacían las practicas aquí, con nosotros. Esto fue *grosso modo* lo que recitaba...

Los jóvenes, mayores y el campo en general, se quedaron callados ante las palabras suaves y melosas de nuestro joven *cicerone*...

Salvatore Marina: (Con actitud) El profesor Gränderbergen era conocido en el submundo de la arqueología por haber sido aquel estudiante que fue capaz de realizar una conferencia en el congreso sobre civilizaciones en el Mediterráneo, defendiendo la tesis de que el puerto de Roma, el nombre de esa población, fue una nomenclatura acuñada por marineros vascos que con el trascurso de los tiempos le fue incapaz de retomar su nombre latino, quedándose en el inconsciente popular la nomenclatura vasca, y gracias a los contactos de estos pueblos, fueron extendiendo esta denominación[30]. Según las fuentes

---
29 *Airbag* (Juanma Bajo Ulloa, 1997)
30 «Lo que ahora voy a decirles puede parecer increíble, pero cuando no se está

consultadas, comentaba, a la pregunta en la mar de: ¿El puerto de Roma? Los marineros vascos contestaban:

(Sonidos de la mar)

(Recreación de una voz vasca del siglo X un día lluvioso durante la rema de la trainera)

<u>Voz recreada</u>: ¡¡Ostia!! ¡¡El puerto de Roma!! ¡¡Qué bonito!!

Un silencio incomodo, unido a pequeñas risas de los más mayores se entremezclaban en el ambiente. El dramatismo y efusividad con las que narraba esta historia hacía que todo el mundo contuviera hasta su respiración.

<u>Salvatore Marina</u>: Incluso, nuestro amigo allí sentado...

Mirando a Luca que poco a poco se iba sintiendo más seguro, y las risas y chascarrillos se iban pronunciando.

<u>Salvatore Marina</u>: (Todavía serio) Comentaba a estos jóvenes, que al profesor no le habían dejado anunciar sus resultados en las actas que se publicaron en 1987 por parte de Juan Zozaya del II Coloquio Internacional de Cerámica Medieval en el Mediterráneo Occidental que se celebró en Toledo allá por 1981. Y que por eso tardaron tantos años en salir esas actas. Según contaban, ese tiempo estuvieron litigando si incluían el artículo del profesor Gränderbergen o no[31]. (Cada vez menos serio) Incluso...

---

acostumbrado a la Historia, la mayoría de los hechos del pasado parecen increíbles» (HUXLEY 1932: 47); o parafraseando al mismo autor «*La Historia es una patraña*» (HUXLEY 1932: 49); Aunque como también nos comenta, «*Estos hechos son desagradables, lo sé, pero la mayoría de los hechos históricos son desagradables*». (HUXLEY 1932: 39). ¡Qué suerte que no vivamos en un mundo feliz..! ¿O sí? No se... Yo solo soy un simple epsilon al que le gusta leer y escribir.

31 Poniéndonos serios, «*...Si todos los testimonios decían lo mismo, entonces la mentira pasaba a la Historia y se convertía en verdad. El que controla el pasado (...) controla también el futuro. El que controla el presente, controla el pasado*» (ORWELL 1949: 36).

CAPÍTULO 2

Subiendo paulatinamente su melosa voz, ya que las carcajadas se empezaban a ver en el horizonte.

Salvatore Marina: ...fue capaz de retocar un programa del coloquio donde aparecía el nombre del profesor y el título de su ponencia para apoyar sus rumores, que tenía por título...

Cogiendo el relevo de la palabra de su compañero, Luca exclamó.

Luca di Tena: (Muy serio) *"Usurpación medieval de nomenclatura latina bajo el estudio de cerámica medieval vascuence: un ejemplo esclarecedor de la dicotomía entre dos pueblos."*

Las risotadas y sonrisas iban en aumento.

Salvatore Marina: (Claudicando) Desde ese momento, cada vez que el profesor decía Ostia, —cosa que decía con bastante asiduidad— siempre había alguien que decía...

Gritándolo Luca y Salvatore a coro...

Salvatore Marina & Luca di Tena: ¡¡El puerto de Roma!!

(Risas)

Las risas inundaron el recinto.

Prof. G. Gränderbergen: (Despollado[32]) Jajaja... Es verdad

---

32 Otra para la lista, pero que debería ser incluida en la DRAE. Preguntamos a la RAE <consu5@rae.es>, al departamento de «Español al día», sobre la inclusión de voces en el diccionario. Esta fue su contestación: «*Las nuevas incorporaciones al Diccionario de voces o de acepciones han de estar vinculadas siempre a que exista una documentación, generalmente escrita, que acredite su existencia y su difusión considerable. Una vez que en las bases de datos lingüísticas, como el corpus de la Real Academia Española, p. ej., se constata que esa palabra se emplea desde hace un cierto número de años —en nuestro caso al menos cinco o seis, para evitar la inclusión de palabras debidas a una moda pasajera, que caerían en el olvido poco después—, se comprueba que el uso sea representativo de la sociedad o de una buena parte de ella, para evitar también usos muy restringidos*

y tardé toda la campaña en darme cuenta. No me enteraba de nada, ni tampoco el Profesor Blücher.

(Relinche de caballos salvajes)

(Risas)

Entrando en el juego, alzando la voz recusó el profesor Blücher,

(Relinche de caballos salvajes)

Prof. C. Blücher: (En su tono característico) Ahhh, por cierto, Luca.

Luca di Tena: (Intentando ponerse serio) Dígame Profesor Blücher...

(Relinche de caballos salvajes)

Prof. C. Blücher: (a lo Horatio Cane) Deja de Jes extender, uhmm... Deje de difundir el rumor entre los nuevos de que el Pr. Gränderbergen y yo somos Daft Punk.

Comentóle el profesor al acérrimo italiano.

Luca di Tena: (Indignadísimo) ¿Yo? ¿Pero qué dice?

Interpelaba el joven sobresaltado y de indignación... mientras, con sus brazos hacia la posición de una dressel entre las formas 7 y 11, vamos, la típica de salazón.

---

que apenas importen en un diccionario general de lengua por su mínima difusión en un ámbito determinado. Tampoco es desdeñable el criterio de autoridad, esto es, que pertenezca a un buen uso lingüístico y pueda estar documentado no solo cuantitativamente, sino también cualitativamente. Tras comprobar la existencia de la voz o acepción, su antigüedad y, por tanto, consolidación en la lengua española, su carácter compatible con la norma lingüística y su difusión entre los hablantes, es cuando puede el Diccionario dar cabida a cuanto proceda, pretendiendo siempre basarse en esos criterios objetivos que hemos mencionado y descartando procedimientos arbitrarios». Así que ya sabéis, amigos hispanohablantes, ¡Despollaros around the world! (El editor espera con agrado que lo hagáis con esta obra.)

Prof. G. Gränderbergen: (Arqueando la ceja izquierda) ¿Qué ha dicho esta vez el puto italiano?

Preguntó el profesor Gränderbergen mientras insinuaba una sonrisa en su rostro curtido.

Prof. C. Blücher: (Haciendo gestos con las manos) Naaa... Las mismas coñas de todos los años.

Esclarecía el profesor Blücher...

(Relinche de caballos salvajes)

...mientras giraba la cabeza hacia el Profesor Gränderbergen con una mirada cansina pero insinuando una leve sonrisilla...

Prof. G. Gränderbergen: (Insinuando) Jajajajaa (Reía Gordon, señalando al joven mediterráneo, con sonrisa de Zamanillo en su rostro) ¡Qué hijo puta más simpático eres Luca! ¡Tu puta madre!

Comentaba el profesor cuando en ese momento sonó el celular del profesor Blücher...

(Relinche de caballos salvajes)

BSO. Breakwater (1980) "Splashdown"
Release the beast

...dejando a todos los presentes con la mirada ojiplática...

Prof. C. Blücher: (Riéndose) Funktastico... Luca, eres un cabronazo.

(Momentos musicales)

(Cortinilla de cambio de escena. Interticio musical)

> BSO. Batman (1966) "Original TV Soundtrack"
> Nelson Riddle

CAPÍTULO II.5.

 Segmento 1    Segmento 2

(Exteriores. En la mitad de la zona excavada, saliendo de la carpa. Calor asfixiante, brisa suave caliente, sonidos de grillos. Voces a lo lejos de gente. Tumulto vario. Travelling hacia la carpa donde se encuentran los últimos en salir. Al fondo, unas jóvenes van caminando...)

> BSO. Call me (1985) "Dedicated to the moon"
> Spagna

Después del bocadillo, cada grupo volvía a su lugar de trabajo. Los mayores recogían el campamento base que se había formado debajo del toldo. Los más jóvenes remoloneaban y deambulaban hacia sus respectivos cortes. Si se pudiera hacer una vista cenital, serian como pequeñas hormiguitas que se mueven cada una hacia una meta común. Lancaster no perdía la ocasión para contarle los últimos hallazgos que se habían producido en yacimientos cercanos a los muchachos a su cargo. Algunos chavales escuchaban sus palabras; otros no. De todo había en el *fundus* del señor[33]. Los últimos en desaparecer de debajo de

---

[33] Nunca nos ha gustado el término *viña del señor*, por excluir a todo aquel que no se dedicara a actividades vitícolas, y la verdad que se nos quedaba pequeño el termino villa, por lo que optamos por el termino *fundus* —como asentamiento no amurallado alrededor de estas últimas de mayor tamaño que el *ager*— para poder incluir a más gente.

la lona eran nuestro querido *mennage a trois* de intrépidos buscadores del pasado.

(Momentos musicales)

Mientras los dos profesores apuraban sus respectivos cigars, Lucy se iba hacia la caseta del laboratorio con la nevera azul vacía de líquidos varios.

(Momentos musicales)

Nuestros muchachos pensaban en cómo seguir avanzando en el corte, cuando las palabras del magister resonaron con fuerza.

Prof. G. Gränderbergen: (En tono conciliador) Salvatore, queda con Lucy y dile que tenéis que escribir el informe.

Salvatore Marina: (Sorprendiéndose) ¿¿Cómo?? ¿¿Tenemos??

Prof. G. Gränderbergen: (Imperativo) Si muchacho, tenéis… Ya sabes que a mí no se me dan muy bien… ¡Maca! Puedes acercarte también… Ya sabes que me gusta como escribes.

Decía impertérrito el profesor mientras se quitaba las gafas y se las limpiaba con su camisa.

Macarena Easo: (Acatándolo con media sonrisa) Profesor, tiene usted unos huevazos, que cualquier día se tropieza con ellos.

Prof. G. Gränderbergen: (Riéndose y agarrándose la huevada) Jajaja… Ni que lo diga, jajajajaja… Muchos años de experiencia y ausencia de ropa interior, jajajajaja.

El Profesor reía mientras los muchachos se miraban entre ellos y solo podían mover la cabeza y aparentar normalidad en esa situación. En ese momento, en el fragor de las miradas, el joven adonis se fijó en unos ópalos verdes.

> BSO. Conan the barbarian (1982) "Theology/Civilization"
> Basil Poledouris

La agraciada restauradora le sonrío calurosamente. El efebo solo pudo abrir sus ojos de lapislázuli y suspirar internamente.

<u>Salvatore Marina</u>: (Sorprendido no, lo siguiente) ¡¡¡¡Jarlllll!!!!

Maca, que estaba a su lado, sonrío, y mirando a la atractiva joven, movía su cabeza de aprobación. La lozana se despidió mientras se alejaba.

<u>Restauradora</u>: (En tono suave) Bueno, luego nos vemos.

<u>Salvatore Marina</u>: (En tono más suave) Si, como deseéis.

Recitó el muchacho de arenisca. Alejábase la joven y bella restauradora de la explanada. Un hilo de sensualidad flotaba en el ambiente. Mientras marchábase, las miradas furtivas entre los dos jóvenes eran reciprocas. Él no podía apartar la vista; ella, sin perder el norte magnético, giraba de vez en cuando la testa, mientras se recogía un mechón de pelo por detrás de su oreja y aprovechaba para posar su vista —una vez más— en la retaguardia. Una mirada fugaz, lo suficiente para provocarle un leve suspiro.

(Momentos musicales)

<u>Restauradora</u>: ¡¡Aishhh!!

Esa vez duró solo un instante. La segunda la dobló en tiempo. La tercera, fue interrumpida por un saliente de un *opus quadratum* que asomaba en el terreno vegetal...

(Sonido de tropiezo sensual)

...impulsando un tropiezo de la divina fémina, provocándole que su rodilla yaciera en el terreno fértil. Solo se vió una pequeña nube de polvo y se escucharon algunas blasfemias varias.

Restauradora: (Violentamente) ¡Me cago en el ICCROM y en la Carta de Venecia[34]! ¡Y en Juani[35]! Por hacerme cagarme en cosas.

Narrador: ¡Señorita! ¡Señorita! Por favor, cíñase al guión preestablecido.

Restauradora: No sé qué coño decir, si me he hecho daño lo normal es que diga, me cago en dios, o joder que daño, mierda...

Mujer sexy del Narrador: ¡¡Ay!! ¿Se habrá caído? Igual se ha hecho daño... Déjala peque...

Narrador: ¡Pero no ves que estoy trabajando, cariño! Deja que hable yo con ella...

Restauradora: ¡Mal dios! ¡Qué dolor!

Mujer sexy del Narrador: ¿Bonica? ¿Estás bien? Uys, pobre...

Narrador: ¡Ohh! ¡Qué tarde me estáis dando! ¿Por qué no vuelve a decir su frase, querida?

Restauradora: Pss... ¡Qué coño digo, Juani! ¡Dios!

Narrador: Cálmese señorita, no se sulfure... Dejémoslo así. ¡Venga!

[Corte de escena]

Restauradora: (Violentamente) ¡Me cago en el ICCROM y la Carta de Venecia!

Prof. G. Gränderbergen: (Enérgicamente) ¡Hala! ¡Qué ostia!

---

34 Organismo intergubernamental. Contribuye a preservar el patrimonio cultural en el mundo actual y en el futuro; Redactada en 1964 y denominada como Carta Internacional para la Conservación y Restauración de monumentos y sitios. Los restauradores tienen sus propios dogmas.

35 Vaya, hay *Niebla* en el ambiente.

(Sonido de el puerto de Roma)

Prof. G. Gränderbergen: (Preguntando en la lejanía) ¿Se encuentra bien? Ya le dije que estaba distraída.

Nuestro joven amigo, absorto en su Valhalla particular, dilucidaba si debía acercarse a ayudarla. Mientras sus dos fibrosas piezas inferiores se encontraban tersas y prietas para saltar como un resorte, observó como la joven se levantaba y hacia el gesto de la victoria.

(Momentos musicales)

La bella andalusí, que estaba llevando material a las oficinas, le preguntó.

Macarena Easo: (De manera desinteresada) ¿Te encuentras bien?

Mientras le acercaba la mano para ayudarla.

Restauradora: (Avergonzada) Si, claro. ¡Qué vergüenza!

Dijo la joven de tez pálida, ahora fuertemente condicionada por un tono bermellón.

Macarena Easo: (En tono jocoso) Jajajaja... Que va reina. ¡No será la primera ni la última vez que te pegues una ostia!

(Sonido de el puerto de Roma)

Dijo Maca mientras la ayudaba.

Restauradora: (Quitándose el polvo que tiene encima) Lo sé, pero espero que la próxima no me vea nadie, jajajaja.

Dijo mientras reía con una sonrisa que haría arder Troya[36].

---

36 El mismísimo Paris habría despreciado a Helena.

(Momentos musicales)

Limpiose el polvo de su fina rodilla, y mientras se colocaba el pelo, aprovechó para volver a mirar a nuestro hercúleo amigo y guiñarle uno de sus livianos ojos verdes.

Nuestro amigo resoplo...

<u>Salvatore Marina</u>: (Quitándose tensión) Bufffff

...y su jadeante pecho iba apaciguándose en intensidad.

<u>Prof. G. Gränderbergen</u>: (Con sonrisa de Zamanillo) Pos ahora, con más inri, ya pueden ayudarla a colocar el laboratorio,.. cuando terminen el informe, claro está.

Dijo el profesor mientras agarraba al joven escultural de pecho palpitante.

<u>Salvatore Marina</u>: (A la manera sueca, mientras cerraba levemente su parpado izquierdo) ¿Qué informe?

<u>Luca di Tena</u>: (Adelantándose a su compañero) Ese que os va a tocar redactar para la administración, para decirles que el tiempo invertido se va a retrasar *molto, molto, molto...*

<u>Salvatore Marina</u>: (Moviendo su testa) Ah, si, vaya. Qué curioso que nos toque... Otra vez.

Dijo el tierno mancebo mientras volvía poco a poco a la realidad.

<u>Prof. G. Gränderbergen</u>: (Imperativamente) Bien, pues pongámonos en situación.

Decía el profesor, mientras se ponían de camino al corte donde estaban inmersos.

Luca di Tena: Bueno (Hablaba Luca intentando volver al tema que estaban deliberando mientras se acercaba a los profesores). Bueno, lo que no entiendo es como no nos planteamos esta idea hace tiempo. ¡Anda que no hemos abierto catas pensando en la lógica de un yacimiento indígena romanizado[37]!

Exponía Luca intentando poner a todo el mundo en situación.

Prof. C. Blücher: (En tono conciliador) Bueno, señor di Tena, piense no solo en la logia[38] del yacimiento, sino en las preguntas planteadas por nosotros previamente, que son las que se tienen que contestar. Recuerde que no excavamos para sacar restos sino para responder a preguntas.

Sentenció Colin con una lógica aplastante.

Luca di Tena: (Sonriendo levemente y agarrándolo por el hombro) Lo sé Profesore. ¡No quiero decir eso!

> BSO. The neverending story (1984) "Never Ending Story"
> Limahl

Luca di Tena: Lo que quería decir es que cómo no nos planteamos antes esta pregunta. O mejor dicho, como no tanteamos antes la revisión de las memorias. Sabe usted como yo que antes no se hacían tantas preguntas y por ende, no buscaban respuestas[39].

---

37 Para la arqueología procesual, las excavaciones arqueológicas son repetibles, pues a veces varios yacimientos siguen los mismos patrones; en cambio, los postprocesualistas —o partidarios de una arqueología interpretativa— consideran cada yacimiento como único e irrepetible. Dicho de otro modo: «*Si todos estuviéramos de acuerdo, el pasado no tendría gracia*» (GAMBLE 2002: 33).

38 Lógica (N del A.).

39 Se buscaban restos, y aún hoy, la sombra de estos anticuarios es alargada.

CAPÍTULO 2

Esgrimió Luca con una sinceridad brutal sin recordar que el interlocutor con el que estaba conversando era uno de sus maestros.

Prof. G. Gränderbergen: (Conclusivo) ¡Bueno, muchacho! Por eso no debemos nunca de dejar de preguntarnos y siempre es bueno que personas como vosotros os preguntéis cosas que nosotros, por una u otra razón, no hicimos.

(Momentos musicales)

Prof. G. Gränderbergen: Esta tarde, cuando vayamos a la excavación de Barondandyaran, esperemos preguntarnos o respondernos cosas.

Prof. C. Blücher: (En tono imperativo) Ahora es el momento de documentarlo todo.

Dijo fríamente el profesor Blücher.

(Relinche de caballos salvajes)

Prof. C. Blücher: ¡Luca!

Luca di Tena: Dígame Profesor Blücher.

(Relinche de caballos salvajes)

Prof. C. Blücher: Páseme el[40]...

BSO. Otherside (1999) "Californication"
Red Hot Chilli Peppers

Luca di Tena: (Como distraído) Eehhhh, no lo tenemos aquí. Se lo dejamos al grupo de Lancaster.

---

40 Uno de los mejores elucubraciones jamás pensadas. Onanismo literario *ad hoc*.

Prof. C. Blücher: (Absorto) Vaya. ¿Solo tenemos un...?

> BSO. Otherside (1999) "Californication"
> Red Hot Chilli Peppers

Luca di Tena: Pues, no. Pero el nuestro se lo préstamos a Lancaster, Profesor Blücher.

(Relinche de caballos salvajes)

Prof. C. Blücher: Vaya, hombre. Pues vaya a buscar un...

> BSO. Otherside (1999) "Californication"
> Red Hot Chilli Peppers

Señaló el profesor mientras elegía la mejor posición para realizar las fotografías.

Luca di Tena: (Asintiendo con la cabeza) Voy Profesore Blücher.

(Relinche de caballos salvajes)

Expresó el muchacho mientras se desposeía de la camiseta.

En ese momento, uno de los jóvenes de practicas, concretó:

> BSO. Karma chameleon (1983) "Colour by numbers"
> Culture Club

Becario Leones: (Entrando en escena) Deja, ya Boy George[41].

---

41 Momento chanante.

CAPÍTULO 2 115

(Momentos musicales)
(Cortinilla de cambio de escena. Interticio musical)

BSO. Batman (1966) "Original TV Soundtrack"
Nelson Riddle

CAPÍTULO II.6.

(Exteriores. En una zona cercana a los almacenes, junto a una explanada donde están los coches aparcados. En primer plano, gente trabajando, otros recogiendo y otros tocándose sus respectivas zonas genitales mientras ven a otros trabajando. Algunos fuman. A lo lejos se ve un joven miccionando en la terrera. Calor agobiante. Humedad relativa. Viento N/NE)

BSO. Don´t leave me this way (1986) "Communards"
The Communards

El ritmo de trabajo era incansable. En el ambiente se respiraba tierra húmeda y firme seco, sudor y, por qué no decirlo, Carmen, un poquito de pasión. Era verano, los cuerpos tersos de nuestros jóvenes sudorosos, untados por el cuchillo del polvo era una visión insultantemente placentera. Las jóvenes en bikini paleaban y llevaban carretillas mientras sus bruñidas musculaturas se movían al son de una matriz de Harris[42].

---

42 (HARRIS 1991)

(Momentos musicales)

Las voces, gritos y chascarrillos de los jóvenes, se entremezclaban con los traqueteos y ruidos de oxidación de las ruedas de las carretillas. Si uno cerraba los ojos podía distinguir perfectamente diferentes sonidos de picos y palas, unas picadas intensas, un paleo homogéneo, un paletin raspando, una orquesta del desierto… en la que los silencios tenían tanto protagonismo como la melodía. *Palea jacta est.*[43]

Y el calor no ayuda, se esperaba la vuelta de la carretilla en la posición típica, cruzando las piernas y apoyándose en la pala, mientras se pensaba cómo, por qué y por dónde seguir avanzando. Los sonidos se entremezclaban mientras llegaba la hora de ultimar los trabajos. Se hacían las últimas mediciones con el teodolito, se tomaban fotos, alguno se tocaba la chorra, se tiraba una cinta métrica y se tomaban medidas que eran trasladadas a un papel milimetrado a escala 1:20 mediante un portaminas con mina HB, se dibujaban los perfiles, se trabajaba sin interrupción, todo era como una maquina perfectamente engrasada de saliva y sudor.

(Momentos musicales)

Las palabras diáfanas del profesor resonaban en la lejanía...

Prof. G. Gränderbergen: (Gritando) ¡Hijos de Harris! ¡Sois los hijos de Harris! ¡Adosaos los unos a otros, unios, cubrios y rellenaos! Jajajajajajaja.

...haciendo surgir multitud de esbozos en las caras de los jovenzuelos.

---

[43] ¡Potasio Argón manda!

CAPÍTULO 2

BSO. Celestial Crown (2006) "Age of Winters"
The Sword

La mañana daba a su fin. En aquellos cortes en los que no se trabajaría por la tarde, se recogían los restos cerámicos y de fauna, y se guardaban las herramientas. Los picos y las palas se amontonaban en las carretillas, las cuales seguían una procesión ritual por los vaivenes de la excavación hasta la zona de el laboratorio y almacenes. Los jóvenes que por la mañana habían estado excavando, por la tarde les tocaba limpiar los materiales exhumados. Algunos tenían una forma muy especial de despedirse del corte.

C. Schrödinger: (En tono calmado) Estratos… Se acaba un nuevo día y como todos los días quiero despedirme de vosotros. Quiero despedirme y daos las gracias una vez más por seguir aquí con nosotros. Vosotros que podíais estar en yacimientos ricos y poderosos que se autofinancian o que tienen el beneplácito de la administración para realizar campañas cuando les apetece, habéis elegido este humilde yacimiento para dar ejemplo al mundo.[44]

(Momentos musicales)

C. Schrödinger: Yo no puedo olvidar que en los momentos más difíciles de nuestras campañas, cuando se inundaron las catas por esa tormenta de verano, o cuando aquella excavadora con cazo pequeño de limpieza que estaba realizando la ampliación de la carretera se llevó por delante a cientos de tus compañeros, solo vosotros prestabais oídos a mis quejas e iluminabais mi camino…

(Momentos musicales)

---

[44] Un pequeño homenaje a la gran obra Amanece, que no es poco (José Luis Cuerda, 1989).

C. Schrödinger: Estratos, yo os llevo en el corazón...

(Grillos)

EPILOGO

> BSO. Saturday Night (1994) "Whigfield"
> Whigfield

Después de una mañana tensa, y a la espera de una tarde igual de interesante, la *troupe* se dispone a desplazarse al restaurante para comer. La gente se va subiendo a los diferentes vehículos 4x4 alquilados para este fin y otras tareas de intendencia. Nuestros protagonistas, aprovechando el tiempo hasta el último momento, se dan cuenta de cómo su todoterreno se aleja siendo llevado a los mandos por la simpática y desgarbada Pilar, y ante este hecho, pregunta nuestro brioso Adonis.

Salvatore Marina: (Girando su cabeza hacia sus compañeros) ¿Pily parará?

Mientras veía como se alejaba su medio de locomoción.

Salvatore Marina: Pero, ¿Cómo habéis dejado que conduzca ella?

Macarena Easo: (Sin darle mucha importancia) No tengo ni idea rey. Solo decía "*Seguidme, yo sé el camino*"[45].

Luca di Tena: ¿En serio?

Consultó el transalpino zascandil.

Macarena Easo: Si. ¿Por?

---

45 Marcus Brody dixit.

<u>Salvatore Marina</u>: Se perdió en su propio Museo.

<u>Macarena Easo</u>: ¿Y?

<u>Salvatore Marina</u>: Que es un Museo Provincial.

(Momentos musicales)

(Cortinilla de cambio de escena. Intersticio musical)

BSO. Batman (1966) "Original TV Soundtrack"
Nelson Riddle

INTERFACIES II-III

PREVIOUSLY

BSO: *Intro*. Narco (2010)
Alita de Mosca

(Suenan pedazos del Capítulo 2)

8 a.m. Puertas de la Universidad de Deusto. Un grupo de lozanas muchachas de la asignatura *Técnicas arqueológicas de campo*[1], espera a las puertas del paraninfo de la Universidad para la presentación de los libretos de la radionovela *Amor Estratigráfico*.

(Sonido de chicas alborotadas que llevan mucho tiempo esperando para saber de sus ídolos)

---

1 Técnicas Creacionistas de Campo (N.del A).

Tras el apabullante éxito de la 1ª y 2ª temporadas, la edición física, química y psíquica de los libretos y la presentación de la obra en diferentes congresos, reuniones científicas y *brunch* protocolarios, próximamente llegará a nuestros oídos la tercera temporada, que dará un punto y aparte —que no final— a nuestra aventura.

Después de haber recibido llamadas, mensajes, felicitaciones, demandas y querellas sobre *Amor Estratigráfico*... preguntadas grandes mentes actuales, muchos de ellos han tenido bellas y sonrojantes palabras hacia esta radionovela.

Giorgio Tsoukalos, dijo que no había escuchado nada de la radionovela, pero que se observaba el influjo de los Annunakis en ella.

Zahi Hawas, nos comentó que le gusto más el libro que la película, pero que en esos momentos estaba cambiando la historia del antiguo Egipto con el último hallazgo que había aparecido hace quince minutos.

Arturo Pérez Reverte, al leer la primera temporada de Amor Estratigráfico, dijo una serie de alusiones de poner la pica en Flandes, mientras golpeaba repetida y vigorosamente con su miembro viril la mesa de su despacho al grito de «¡Voto a bríos... esto es Arqueología, joder!»

A lo que el mismísimo Pepe Colubi, exclamo:

> BSO: *Mejores momentos*. Pepe Colubi (2013)
> Ilustres ignorantes[2]

Y *off the record*, nos comentó que, «*Después de escuchar la primera y segunda temporadas, en cuanto termine el libro que estoy escribiendo conjuntamente con Pablo Iglesias*

---

2 < https://www.youtube.com/watch?v=FCnEEEAfNhg> (Min. 13:27).

que se va a titular "el falo de la izquierda", me pongo en serio con la didáctica y divulgación en arqueología».

Otra arqueología es posible, porque la arqueología no es solo dar y recibir, sino también sentir...

Amor estratigráfico...

BSO: *Lizipaina* (2014)
Alivio eficaz de las molestias de garganta.[3]

---

3 < https://www.youtube.com/watch?v=F0IP9fown1M>

CAPÍTULO 3

CAPÍTULO III.0.

(Interiores, dentro del bar "La ostra Azul". Bullicio de personas hablando entre ellos y comentándose cosas. Ruidos varios cercanos y lejanos. Los muchachos de la excavación desperdigados por el bar. Una parte de nuestros intrépidos aventureros reunidos en petit comité).

BSO: *Escape from Tomorrow.* (1974) "Escape from tomorrow"
Lalo Schifrin

En el bar estaban todos los que debían estar, como sacado de un universo berlanguiano, el cura, la pareja de la guardia civil, unos obreros que estaban limpiando los montes cercanos, alguna pareja de madrileños, un matrimonio del Opus con seis hijos, los cuales iban vestidos todos iguales y acojonaban un poco, todos rubios, perfectamente peinados como los niños del pueblo de los malditos... pero la de

Carpenter[1], porque está en color, y porque sale Mark Hamil de padre (jajajaja, chiste cinéfilo... jajaja, ¿Lo entendéis?) Uhmm, no, vaya.

Bueno, pues que acojonaban los niños, y cada vez que pasaban al lado, Luca siempre decía la misma frase.

<u>Luca di Tena</u>: (Acojonado) Piensa en un muro, piensa en un muro.

<u>Lancaster Williams</u>: ¿De *opus caementicium, opus quadratum, incertum*...? ¿De qué tipo, Luca? Ahh... ¡Que es un ludibrio! Ahh, vale.

Gordon sonreía por las ocurrencias de sus pupilos. Los había criado el mismo, amamantándolos de sus pechos —como a él le gustaba decir— y cuando esperaban para comer, mientras tomaban un vermouth y apuraban sus cigars, siempre se le ocurría alguna cosa que hacer.

<u>Prof. G. Gränderbergen</u>: ¿Dígame, Salvatore, los emperadores de la Dinastía Julio-Claudia?

<u>Salvatore Marina</u>: Uhmmm... Augusto, Tiberio, Calígula, Claudio y Nerón.

<u>Prof. G. Gränderbergen</u>: Y ahora la lista de los Antoninos...

<u>Salvatore Marina</u>: Nerva, Trajano, Adriano, Antonino Pio...

(Sonido de pajarillos)

<u>Salvatore Marina</u>: ...Marco Aurelio, Lucio Vero, Avidio Cato y...

<u>Prof. G. Gränderbergen</u>: ¿Comodo...?

<u>Salvatore Marina</u>: Estaría mejor tomando una cervecita, pero no me voy a quejar.

Díjole nuestro camarada mientras el profesor sonreía y cerraba sus parpados a la par que cogía una cerveza y se la entregaba a Salvatore.

---
1 John Carpenter´s Village of the Damned (John Carpenter, 1995).

Prof. G. Gränderbergen: Con buen *gladius* bien se conquista la Galia².

Luca di Tena: Si, aunque donde tengas la *sigillata*, no metas la *falcata*³.

Decreto Luca diciéndolo de forma amena, sin darse cuenta del matiz de sus palabras, mientras se escuchaba la risa barbuda y aragonesa de Gordon dándole palmadas al simpático italiano.

Prof. G. Gränderbergen: La Historia se escribe con H de Horror y Humor...

Lancaster Williams: ...y la Arqueología con A de Anacoluto...

BSO: *Un, dos, tres, responda otra vez.* (1972) "Cronómetro regresivo"
Narciso "Chicho" Ibañez Serrador

Luca di Tena: Almáciga.

Macarena Easo: Anacoreta.

Salvatore Marina: Albóndigas...

(Silencio)

Prof. G. Gränderbergen: ¿Y el profesor Blücher?

(Relinche de caballos salvajes)

Salvatore Marina: Se ha tenido que marchar de viaje.

Prof. G. Gränderbergen: Vaya, siempre le están llamando para cosas.

Salvatore Marina: Sí, es que es muy bueno.

---
2 Según las notas de Napoleón al libro V en el *Bellum Gallicum* de Julio Cesar: «Las armas de mano eran las armas principales de los antiguos; con su corta espada el legionario conquisto el mundo» (JULIO CESAR 1986: 90).
3 *Roman proverbium codex popularis.*

Prof. G. Gränderbergen: Ya le digo. ¡Hasta yo aprendo con él! Brindemos pues, por los que faltan. Que se lo trague el mar o que vaya al fuego. Que se lo trague el mar o que vaya al fuego... Un par de tragos más por si no nos vemos, un par de tragos más...

Todxs: ¡Y menos ostias!

(Sonido de copas)

Buen viaje, Maestro[4].

(Cortinilla de cambio de escena. Intersticio musical)

BSO: Batman (1966) "Original TV Soundtrack"
Nelson Riddle

CAPÍTULO III.1

Segmento 1   Segmento 2

(Interiores, dentro del bar "La ostra Azul", concretamente en el comedor de la parte de abajo. Bullicio de personas. Ruidos varios cercanos y lejanos. Una gran mesa donde se sienta toda la excavación. Presidiendo la mesa, el Prof. Gränderbergen rodeado de mentes púberes. Las conversaciones se entremezclan).

---

4 Que sirvan estas pequeñas palabras para homenajear a mi maestro y amigo, **D. Jesús Liz Guiral** —Catedrático de Arqueología de la Universidad de Salamanca— que nos dejó mientras escribíamos estas líneas. Desde aquí, aún con tristeza, recordémosle con una sonrisa, como las que él nos sacaba cada vez que hablábamos sobre Arqueología, Historia o la vida. Gracias Maese. Gracias Amigo. S.T.T.L.

CAPÍTULO 3

BSO: *Do the Hustle* (1975) "Disco Baby"
Van McCoy & The Soul City Symphony

Aunque se paraba a media mañana a tomar un piscolabis —algo sólido para aguantar todo el día— a veces nos quedábamos en la excavación y se comía de bocata, y otras veces íbamos al Mesón cercano, "*La Ostra Azul*". Hay que decir que nuestra variada procedencia ponían un poco de tecnicolor en esa España de Blanco y negro y parecía que algo cambiaba en el ambiente. Acudíamos a última hora para no interferir en el horario habitual de comidas, ya que necesitábamos el salón grande para comer todos y después de nuestro paso, solo con lo que habíamos traído pegado a nuestras botas, se podría hacer un examen granulométrico. Los mesoneros eran parte de la fauna esencial de una excavación, ya que eran un punto de unión entre nosotros y el público llano. Para ellos nuestra presencia a veces se convertía en cansina, pero el mes y medio o dos meses que duraba el grueso de la excavación con muchachada varia viéndonos diariamente, charlando, riéndonos, cuidándonos. A veces pasábamos de ser una fuente de ingresos más, a parte de sus conversaciones y de sus vidas.

Sentarosen a la mesa, una gran mesa de comedor que parecía aquello más propio de una boda o de la reunión familiar en casa de Ruiz Mateos. Cada uno iba cogiendo el sitio que habitualmente utilizaba. Como acababa de terminar un turno, los nuevos participantes de la excavación, se iban intercalando en los sitios libres que había. Algunos se quedarían en ellos durante su estancia, otros cambiarían según el viento. En una de las esquinas de la mesa se colocaban los dómines que siempre solían tener algún tema que tratar entre ellos, y rara era la vez que junto a ellos no se colocaba algún que otro chaval habido de relacionarse institucionalmente, uhmm, que rico papi...

Prof. G. Gränderbergen: (Moviendo la cabeza) Vaya, hoy estoy rodeado de mentes jóvenes.

Decía el profesor haciendo referencia a la gran cantidad de chavales que tenía alrededor.

Prof. G. Gränderbergen: ¿Sabéis lo que decía Apellaniz[5] a Jordá[6] cuando cruzaban una canadiense?

Francisco Drebin: No profesor.

Prof. G. Gränderbergen: ¡Ata la puerca, Cerdá! Jajajajajaja

Francisco Drebin: (Incrédulo) No tiene gracia profesor.

Prof. G. Gränderbergen: Pues en los 80 y puestos de LSD hasta el Orton[7] nos partíamos la caja la Dra. Leakey y yo. La muy cabrona le dejaba paté La Piara en el despacho, jajaja, qué risas nos echábamos. Y Paco ni se enteraba... Jajaja

Nigel Belzoni: En serio profesor, hágaselo mirar.

En la otra esquina, era ocupada por nuestros intrépidos bohemios sudorosos, entre los que se encontraba Luca, Maca, Lancaster, las locas de los gatos, Barley y algún otro, aunque siempre existía algún sitio libre...

Restauradora: (Indecisa) Ehh, ¿Está ocupado?

Macarena Easo: No reina, siéntate con nosotros.

---

5 Juan María APELLANIZ CASTROVIEJO (1932). Arqueólogo polifacético y una de las figuras claves de la prehistoria en Euskadi. Debido a su segundo apellido, excavo diversos túmulos y dólmenes, como el de la *Nenaza I*, en San Pedro de Galdames, Bizkaia.

6 Francisco JORDÁ CERDÁ (1914-2004). Prehistoriador especialista en arte prehistórico. Discípulo de Luis Pericot y maestro de maestros.

7 Clive ORTON (1948). Arqueólogo inglés y padre de los métodos estadísticos para el análisis de datos para la interpretación. Sigue empeñado en publicar —aparte de editar *London Archaeologist*— una revista con el nombre de *Soul of the Pottery*.

...que esta vez fue ocupado por la bella restauradora. Sentóse ella junto a nuestra *cordosiesa*, despojándose de una fina camisa militar, que dejo en el respaldo de su silla, apareciendo en la tersa y fina piel de la muchacha unas cuantas figuras de Pazyryk[8], que decoraban parcialmente su brazo izquierdo.

Entre los últimos de bajar al comedor, casi siempre estaban nuestros adalides, ya que a ellos les gustaba tomar una cervecita antes de comer. Bajaban las escaleras hablando de cosas suyas y saludando a los camareros que se iban encontrando hasta llegar al lugar habitual donde anidaban.

<blockquote>BSO: *Love is in the air* (1978) "Love is in the air"
John Paul Young</blockquote>

Cuando el joven adonis se aposento, se dio cuenta de la presencia de la bella *donna restaurit*, la cual resaltaba entre las demás. En un abrir y cerrar de ojos, vislumbro aquella decoración propia de los kurgan. No lo podía creer las figuras animales se entremezclaban desde el hombro hasta su muñeca en un verdadero baile mitológico. Y si eso no era ya de por si algo divino, llevaba una camiseta de tirantes donde se podía leer la frase del infierno de Dante. Demasiadas cosas se decía a sí mismo. No lo podría haber imaginado de esa manera ni puesto hasta las patas de ácido guatemalteco. Las miradas intermitentes entre ambos se intercalaban con planos generales. Parecían sincronizadas para que cada dos miradas furtivas, en la tercera coincidieran en el

---

[8] Pueblo nómada que habitó el macizo de Altai (Siberia) Se encontraron una serie de túmulos —kurgan— construidos entre los s. V-IV ANE y estudiados por S. Rudenko. Uno de los más impactantes descubrimientos en los kurganes —que gracias a las particularidades climáticas se produjo una congelación perpetua permitiendo la conservación de restos orgánicos— fueron los cuerpos tatuados, entre los que destacan el cuerpo de un jefe pazyryk y la conocida como la dama del hielo, descubierta por N. Polosmak en 1993.

espacio y en el tiempo. En ese momento, por nerviosismo, o por trastorno obsesivo compulsivo, la bella restauradora cogiendo entre sus dedos uno de los cubiertos, empezó a golpear suavemente su copa...

BSO. *Eulogy* (1996) "Aenima"
Tool

...con una melodía que algunos de los presentes conocían a la perfección, hasta que enmudeció repentinamente dando paso a una voz indulgente.

Restauradora: (Sintiéndose observada) Perdonad, una melodía pegadiza, Jejeje...

Macarena Easo: No te preocupes, reina. Conocemos ese tintineo. Se escucha de vez en cuando por estos lares.

Decía nuestra cordobesa preferida mientras señalaba el fruto del deseo con el tenedor. En ese momento, la bella *Donna* miró a Salvatore que sonreía perplejo ante lo que acababan de escuchar sus pabellones auditivos.

Macarena Easo: (Riéndose) Jajaja... Estas cosas solo nos pasan a nosotros.

Restauradora: Ya te digo.

Mientras las conversaciones se iban entremezclando, una voz masculina se alzaba entre la marabunta.

Barman: (Con presencia) Buenas muchachada. De primero, ensalada Grauben[9] o pimientos de Padró...

Prof. G. Gränderbergen: Serán de Padrón.

---

[9] Un pequeño guiño a Julio Verne (N.del E.).

Barman: No, no, de Padró. De Josep Padró[10]. De su propia huerta.

Prof. G. Gränderbergen: Ahh, vale. Gracias.

Barman: De segundo tenemos Lomos de Altuna[11] del norte sobre Ambrosio de Morales[12]...

Becario Leones: ¿Bonito?

Barman: ¡Gracias!...Y chuletón de tigre de Bendala Galán[13]. Y de postre quesada a elegir, entre Quesada Sanz[14] o Quesada López[15].

Becario Leones: ¿Y cuál es la diferencia?

Barman: la Quesada Sanz lleva granadas y la Quesada López lleva trozos de ciervas y va acompañada de un sol y sombra.

---

10 Josep PADRÓ PARCERISA (1946). Catedrático de Historia Antigua de la Universidad de Barcelona (UB). Dicen que prepara un Fatteh delicioso.

11 Jesús ALTUNA ETXABE (1932). Arqueólogo, antropólogo y arqueozoologo. No se puede entender la prehistoria del país vasco sin sus estudios sobre la fauna consumida. Seguro que alguna vez le dijo a sus alumnos la frase «*De lo que se come, se cría*». Se dice que el popularizo la expresión de *Al tun tun*.

12 Ambrosio de MORALES (1513-1591). Uno de los padres de la Investigación histórica. El discurso general inserto en el tratado sobre *Las antigüedades de las ciudades de España* (1575), constituye el primer análisis metodológico de las fuentes arqueológicas necesarias para elaborar la Historia. (AYARGÜENA SANZ; MORA RODRIGUEZ 2004: 21)

13 Manuel BENDALA GALÁN (1949). Profesor emérito de la Universidad Autónoma de Madrid. Se dice que apareció en alguno de los shows de Siegfried & Roy en las Vegas (Nevada, USA). Dicen que el departamento el llamaban el *Ligre*, mitad león, mitad tigre.

14 Fernando QUESADA SANZ (1960). Profesor titular del área de Arqueología de la Universidad Autónoma de Madrid. Dicen que sus próximas publicaciones van a ir encaminadas a la lucha en el barro en la antigüedad.

15 José Manuel QUESADA LÓPEZ (1965). Profesor en el departamento de Prehistoria y Arqueología en la Universidad Nacional de Educación a Distancia (UNED). Sabiendo que su tesis doctoral fue sobre *Modelos de asentamiento y estrategias de subsistencia en el paleolítico superior cantábrico*, esperamos preguntarle un día sobre la Metrosexualidad del Magdaleniense. Es para un amigo.

Prof. G. Gränderbergen: Será solutrense...

Barman: Es posible.

Prof. G. Gränderbergen: Ahh, vale. Perfecto. Me parece bien el menú. ¡Venga! ¡Id eligiendo Hijos de Harris! ¡Que vamos con prisa!

Decía el profesor mientras cogía por el esplenio al comensal que tuviera a la derecha, que en este caso era el pequeño Bakerline.

Fermín Bakerline: (Recalcando el comentario) Ehh, Profesor. Recuerde que esta tarde viene gente del museo a la excavación.

Prof. G. Gränderbergen: ¡Ostia!

(El puerto de Roma)

Prof. G. Gränderbergen: Se me había olvidado. A veces tengo tantas faltas de memoria, que si algún día tengo hijas, utilizare la formulación romana[16] para dirigirme a ellas...

Fermín Bakerline: Recuerde que también puede hacerlo con los hijos, profesor, siga el ejemplo de Constantino[17].

Prof. G. Gränderbergen: (Asintiendo con la cabeza) Pues también es verdad, tiene usted razón.

---

16 Las hijas recibían por nombre la forma femenina del nombre del clan. Si tenían más de una, las distinguían usando las palabras *maior, minor,* o *prima, secunda, tertia,...* (los que no sois hijos únicos tendréis en mente cuando os llama vuestra madre por todos los nombres de vuestros hermanos y el último es el vuestro. Pensad ahora en esa madre romana).

17 Flavio Valerio Aurelio Constantino (272-337), conocido como Constantino I el Grande, emperador del Imperio romano de Oriente, legalizador de la religión cristiana, refundador de Bizancio en Constantinopla —y seguramente el inventor del chiste de redopla— y padre de 6 hijos, entre los que destacamos Constantina, Constantino II, Constancio y Constante. Unas risas cada vez que Fausta llamaba a la mesa. (¡)

CAPÍTULO 3

Mientras se tomaba constancia de los comensales, los jóvenes alrededor del profesor aprovechaban la ocasión distendida para hacerles preguntas, algunas de ellas sumamente indiscretas.

<u>Mozinha</u>: Dicen por ahí, la gente del lugar...

<u>Prof. G. Gränderbergen</u>: Que los rockeros no son buenos[18]...

<u>Mozinha</u>: Ehh, no... Dicen que el Pr. Blücher...

(Sonidos de caballos)

<u>Mª Flor de Azahar</u>: ...tuvo un affaire con Louise Leakey, la nieta del matrimonio Leakey[19].

<u>Prof. G. Gränderbergen</u>: Ehhh... Bueno... Eso no se lo puedo comentar como comprenderá...

<u>Nigel Belzoni</u>: Y que en la Universidad era miembro de un club que se dedicaba a descifrar jeroglíficos que las altas estancias no querían que fueran descifrados y dados a conocer y que se hacían llamar la Champollion[20] League...

---

18 Adaptación libre. *Los rockeros van al infierno*. Barón Rojo. (1982) Volumen brutal.

19 Los LEAKEY son una dinastía de investigadores (arqueólogos, antropólogos y especialmente paleontólogos) naturales de Kenia. El patriarca de la familia —Louis Leakey— fue el descubridor del complejo arqueológico y paleontológico de la garganta de Olduvai. Actualmente, el mundo de la televisión keniata está pensando en hacer un reality show como el que se hizo para el cantante de Black Sabbath, Ozzy Osbourne (The Osbournes). Las grandes compañías de la televisión en Kenia —NTV, Kenya Television network y kenia Broadcasting Corporation— se están jugando los derechos de emisión.

20 Francois CHAMPOLLION (1790-1832). Filólogo y egiptólogo francés, considerado el padre de la Egiptología por el estudio de la piedra *Rosetta*. Solía aplicar el precepto de Horacio: «*Una letra te llevara a una palabra, una palabra a una frase y una frase a todo el resto, ya que todo está más o menos contenido en una simple letra*». Según fuentes no contrastadas, intentó parafrasear al poeta latino cuando estaba inmerso en el desciframiento de la escritura jeroglífica, con la frase «*Con un 6 y un 4, hago la cara de tu retrato*» (N. del A.).

Prof. G. Gränderbergen: Ehhh... Bueno...

Noia: ...Y también comentan que Luca, cuando estuvo en la Brigada Caimán, pues que realizó una ceremonia de culto a la fertilidad, en plan bacanal, como buen discípulo de Onán[21]...?

Prof. G. Gränderbergen: (Sin poder creérselo) ¿Está usted diciendo que le dio a la pasión desmedida en mitad de la sierra de la oferta y la demanda?

(Sonido de vinilo cortado)

El relato narrado a continuación sobre los momentos onanistas de Luca en un andamio de un yacimiento Patrimonio de la Humanidad, ha sido censurado por motivos legales. Aparecerá la historia escrita en la publicación *"From behind the dig"* que puede adquirir en su editorial arqueológica de confianza.

BSO: *Amen* (2014) Flos Mariae

[Corte de pista]

BSO: *Tico tico no fubá* (2014) "Chorinho" Bando de Macambira [Zequinha de Abreu (1917)]

La comida se desarrollaba con una calma reposada. Las conversaciones hacia que se comiera a un ritmo bidireccional. Los chavales que siempre rodeaban al profesor siempre le estaban preguntando cosas y según los días, el profesor se lo explicaba o intentaba cambiar de tema rápidamente, porque había días que no estaba para

---

21 Los discípulos de Onán no se auto complacen, sino que desperdician su simiente... (Nota aclaratoria por si alguno de nuestros ávidos lectores nos fueran a decir que estamos confundidos y que no somos rigurosos, que no revisamos fuentes y esas cosas. ¡Será por fuentes!).

que le dieran una Chapa Brunet[22]. "Son monotemáticos los muy cabrones" decía el profesor en *petit comité*. Nuestros amigos se las arreglaban para tener siempre un tema nuevo sobre la mesa, aunque el 50 % de las veces era sobre arqueología, siempre había alguna cosa que hacia el tema más interesante.

Lancaster Williams: (Mirando a su compañero) ¿Me estás diciendo Salvatore, que según tú, la primera obra de restauración *sensu stricto* se dio con la construcción de un muro perimetral alrededor de la Esfinge por parte de Tutmosis IV?

Salvatore Marina: Algo así te estoy exponiendo, aunque tendríamos que decir que fue acondicionamiento más que restauración, ya que se hizo para que no fuera sepultada por la arena del desierto... Aunque seguramente fue restaurada, o incluso retallada de nuevo, o cambiada en parte su fisionomía, lo que se podría calificar entrecomillado como obra de restauración.

Lancaster Williams: Bueno... No sé si podríamos decirlo así. Es como si nos ponemos a dilucidar sobre si Tutankamon fue momificado con el pene erecto... Aunque ahora que contamos con una restauradora, a lo mejor nos podría sacar de dudas.

Luca di Tena: *Certo, certo. Ma...* ¿Tu qué opinas?

Restauradora: (Desconcertada pero entrando en el juego) Ehhh, ¿Sobre el muro perimetral o sobre el pene erecto?

---

22 Teresa CHAPA BRUNET (1952). Catedrática de la Universidad Complutense de Madrid. Una de nuestras musas. Un referente para el estudio de la arqueología ibérica, donde destacan sus estudios sobre la Influencia territorial de la cabaña porcina extremeña en la manufactura de recursos y hábitos alimenticios de la Sierra de Gredos. (¿Si? ¿Qué eso no es la arqueología ibérica? ¿Estás seguro? Que soy de Salamanca, sabré yo lo que es o no es la arqueología ibérica...).

La espontaneidad de la joven hetera hizo que a toda la mesa se le escapara una carcajada

Macarena Easo: Ja ja ja... ¡Pero que maja es la jodia!

BSO: *Me and the farmer* (1987) "The People Who Grinned Themselves to Death"
The housemartins

Mientras la gente iba terminando de comer, algunos de nuestros intrépidos "*Revisores de letra antigua*[23]" subían al bar a tomar café, algún que otro patxaran o licor digestivo. En ese momento solían coincidir el conjunto de la excavación con la gente del pueblo. Se tomaba café, se charlaba, se leía la prensa, y se conversaba con los lugareños los cuales trataban a los veteranos como uno más del pueblo.

Lienzo Repecho Úbeda[24]: Buena chicos. ¿Alguna cosa que tengamos que saber?

Decía uno de los habituales del lugar, que tenía una fama de pitero[25] que no podía con ella.

Prof. G. Gränderbergen: (Sin dejar de mirar el café y la prensa) Nada que tengas que saber... ¿O estás pensando en acercarte la próxima luna llena?

---

23 Nombre por el que se designaba a aquellas personas formadas en la Escuela superior de Diplomática (ESD) «...con suficientes conocimientos para el inventario y custodia del patrimonio Cultural Español, a partir de los procesos desamortizadores» (BERLANGA PALOMO 2001:20).
24 AKA Lino Cuesta Baeza (DELIBES:1985:)
25 «...La minusvaloración de este patrimonio arqueológico está fundamentada más en las apariencias que en una sopesada ponderación de sus posibilidades informativas reales (...) cabe añadir ahora las enormes posibilidades de conocimiento que aportan» (RODRIGUEZ TEMIÑO 2012: 63). Para un mayor entendimiento de esta realidad, invito a leer toda la obra de este autor.

Decía el profesor sin levantar la vista del periódico, y removiendo el café en el sentido de las agujas del reloj. Al escuchar estas palabras, el supuesto pitero apuró su café y salió del bar despidiéndose pluralmente. Los más jóvenes se quedaban ojipláticos ante la escena vivida. Los demás seguían a su normalidad. La simpática muchacha catalana preguntaba a nuestro efebo sobre los planes de la tarde, mientras ella se despojaba del top, quedándose con una fina camiseta de tirantes y uno pantalones cargo, que dejaba entrever los últimos párrafos de *Els Segadors* tatuado en uno de sus muslos.

Salvatore Marina: (Mirándola con ojillos) Esmolen ben bé les eines.

Noia: (Devolviéndole la mirada) Uhmm. Bon cop de falç.

Noia: Bien, me interesaría ir con el grupo que va a flotar parte de lo que ha salido en el silo...

Salvatore Marina: Pues supongo que el grupo de Lancaster le toca esta tarde la limpieza de materiales, supongo que se dividirán mientras unos limpian, otros criban...

Noia: Había mucho material y creo que sería interesante para mi tesina.

Salvatore Marina: Ya te digo... Pregúntale a Fermín que se encarga el.

Noia: ¿Al pequeño Bakerline? De acuerdo.

Nigel Belzoni: Oye chicos. No sabréis de peña en la capital que haga talleres, reproducciones y demás cosas, ¿Verdad?

Noia: Si buscas gente que haga talleres o reproducciones, habla con la gente de Paleorama...

Salvatore Marina: Es que pilotan, los de Paleorama...

BSO: *Rama lama ding dong* (1978) "Rama lama" [The Edsels]
Rocky Sharpe & the Replays

(Cortinilla de cambio de escena. Intersticio musical)

BSO: *Batman* (1966) "Original TV Soundtrack"
Nelson Riddle

CAPÍTULO III.2

 Segmento 1    Segmento 2

(Exteriores, en la excavación. Los grupos de muchachos se van hacia sus respectivos lugares de trabajo. Se iban terminando las conversaciones empezadas en el bar. En breve, algunos tomaran camino hacia la excavación de Barondandyaran. Humedad relativa. Calor de media tarde).

BSO. *All that she want.* (1993) "The sign"
Ace of base

Llegados de nuevos a la excavación, cada grupo se iba ordenando según la tarea que les tocara hacer. A los Hunos[26] de Atila, les tocaría limpieza de materiales y siglado,

---

26 Este chascarrillo ya fue utilizado por Gabriel Gaspar, el verdadero padre de la máquina del tiempo en 1887, con su obra *El Anacronópete*, una novela con estructura de zarzuela. «*Esta dirección es la empleada en los Hunnos.* —¿Y los otros? —*Hablo de los Hunnos, hoy Zikulos de la parte de la Transilvania.* —Ah sí. Adelante, no los conozco» (GASPAR 1887: 185).

a Los Otros de Amenábar, cribado, trillado, flotación y otras tareas varias. Sin embargo, nuestros protagonistas tenían una tarea diferente, ya que iban a ver con sus propios ojos una excavación mítica. Algunas doncellas estaban muy ilusionadas.

Noia: (Con ojillos) Oh, profesor, ¿Se acuerda usted de su primera vez?

Prof. G. Gränderbergen: Por supuesto señorita, todavía conservo la factura.

Noia: (Con la mirada hacia arriba) Decía la primera vez que excavó.

Prof. G. Gränderbergen: Ahh, si claro... Era yo muy joven e imberbe... y me llamaba mucho la atención la Arqueología postcolonialista, por lo que me embarque rumbo a Egipto en cuanto pude.

Decía el profesor levantando las cejas a la par que movía su cabeza afirmativamente. En una de las campañas llevadas a cabo en la tierra de los faraones, estuvo durante unas labores de excavación de la momia KV60a[27], momento en el cual conoció a Zahi Hawas[28]. En una conversación distendida con él cuando el profesor encontró un molar con una sola raíz, este le pregunto por su especialidad, a lo que el profesor le contesto, dándole un sonoro golpecito en la espalda que los riñones al jerez en perfecto árabe. No volvió a coincidir con el señor Hawas.

---
27 KV60a era como se conocía a la momia de Hatshepsut —hija de Tutmosis I, Reina-faraón de la dinastía XVIII de Egipto— antes del estudio que se realizó en 2005. Según Hawas, su descubrimiento es el más importante de la arqueología egipcia desde el descubrimiento de la tumba de Tutankamón en 1922. Nosotros pensamos que fue el profesor Gränderbergen quien lo descifró, pero que los poderes facticos de la arqueología mundial han borrado su legado (N.del E.).
28 Zahi HAWASS (1947). Egiptólogo y ministro de antigüedades de Egipto hasta 2011. Se le conoce más por su faceta televisiva que por la bibliográfica.

Prof. G. Gränderbergen: Casi que fui aprendiendo con los años y vi que nuestro trabajo tenía que ser encaminado hacia otro horizonte, como por ejemplo el uso indiscriminado del concepto de Cultura arqueológica[29], o esas actividades supuestamente controladas por hombres, con 3 tipos de producción -básica, de objetos y de mantenimiento. Ahora estoy metido con La Pop Arq. Es un nuevo concepto, mucho más adelantado que la Pub Arch[30].

Decía el profesor a aquellos jóvenes que estaban junto a él. Nuestros paletines, digo paladines, que se habían adelantado unos metros, se iban despojando de sus ropajes ante la fuerza del astro rey. El sol jugaba con sus rayos sobre el contorno muscular del fruto de la pasión desmedida, esas líneas incisas sobre piel bruñida que hacían poner cara de cocción oxidante a las virginales muchachas que zascandileaban alborotadas sobre la superficie edafológica. Luca se colocó su camiseta sobre los hombros... Salvatore deshizose de ella con un giro e insertósela dentro de sus pantalones. Maca no pudo por menos de saltar sobre el doncel, y cual retoque cubriente se asemejaban sus brazos sobre la espalda mojada del efebo no observando base negativa de 2ª generación sobre la piel...

Salvatore Marina: Ejem, narrador, somos de Bordes[31]...

Narrador: Ahh, perdón...

---

29 (FALQUINA: MARIN; ROLLAND 2006).

30 El concepto de POP ARQ —marca registrada por este autor— todavía se está definiendo, por lo que mientras tanto podéis consultar lo que se dice sobre las PUB ARQ en el libro de nuestro amado editor ALMANSA SANCHEZ, J. (Ed.) (2013) Arqueología pública en España. JAS Arqueología.

31 François BORDES (1919-1981). Prehistoriador francés. Padre de la metodología empírica descriptiva de la diversidad de industrias líticas, o método Bordes. Dicen que tuvo una agria polémica con Luis Pericot.

...y cual retoque cubriente se asemejaban sus brazos sobre la espalda mojada del efebo no observando *debitage triedrico lascar* realizada a golpes por percusión directa con una idea preconcebida de haber sido creado para la investigación y el pecado.

BSO: *Paris, Texas* (1984)
Ry Cooder

Después de caminar unos metros, a primera hora de la tarde, llegaron al lugar donde estaba la excavación de Barondandyaran. De la situación de las cuadriculas Wheeler solo hay un culpable. El yacimiento[32].

El espectáculo era desolador. Todo se encontraba tapado por la maleza, aunque se podían diferenciar perfectamente los cuadrados perfectos que habían sido excavados, los cuales se encontraban con flora y moho en sus cuatro costados. La visión que se encontraban allí, distaba mucho de la visión romántica que tenía nuestra ciencia. Cualquier parecido con una excavación era un espejismo. Estaba abandonado, durmiendo el sueño de los justos, estaba inerte[33]. Ese espectáculo entristeció a más de uno de los chavales allí congregados, incluso la visión del terraplén de Overton Down[34], sería más placentera y menos grotesca de los que estaban viendo, y eso que es simplemente una zanja, sin estructuras y sin ostias.

---

32 Parafraseando a Miss Bottle sobre la catástrofe del Prestige.

33 «*El diablo es quien maneja los hilos que nos mueven / Atractivo encontramos en lo más repugnante; / cada día al infierno descendemos un paso / por tinieblas hediondas y espantosos lugares*» (BAUDELAIRE 1857: 23).

34 Overton Down es un proyecto a largo plazo en la arqueología experimental en Wiltshire, Inglaterra. En 1960 se construyó un terraplén para simular las estructuras antiguas. Varios objetos fueron colocados en ella. Desde entonces, se han realizado exámenes periódicos de la localidad, que proporciona información valiosa sobre la tafonomía. El experimento está diseñado para continuar durante 128 años.

Prof. G. Gränderbergen: (Despechado) Pues bien muchachos, pues aquí tenéis lo que queda de la excavación de Barondandyaran, y si vosotros estáis en lo cierto, ahora sabemos dónde dispuso la terrera.

Decía el profesor mientras se encendía un cigar y daba una honda aspiración que se asemejaba demasiado a un suspiro.

Prof. G. Gränderbergen: La musealización del yacimiento se llevó a cabo sobre una concepción tarsia[35] de los restos, lo que supuso esta puta mierda que veis.

Salvatore Marina: Esta peor que la última vez que venimos. Parece como si lo hubiere excavado Mariette[36].

Mozinha: (Indignada) Profesor, esto es desolador. Pero... ¿Por qué esta así? ¿No se puede hacer algo[37]?

Prof. G. Gränderbergen: ¡Y que quiere que hagamos señorita! ¿Volverlo a excavar? Esa era una de mis ideas antes de coger la dirección del yacimiento.

Aclarábale el profesor intentando justificar su propia inoperancia.

Mozinha: Pero no se profesor, podríamos por lo menos limpiar la maleza y refrescar los perfiles...

---

35 Mucha visibilidad y mínima interpretación. (ASENSIO: POL 2008: 33)

36 Françoise Auguste FERDINAND MARIETTE (1821-1880). Egiptólogo francés. Sus métodos de excavación fueron criticados duramente, como nos cuenta Sir Flinders Petrie al ver volar con dinamita unas ruinas cerca de la esfinge: «*Nada se hace con un plan uniforme; el trabajo se inicia y se deja inacabado; no se presta a tención a los requerimientos de una exploración futura, y no se utiliza ningún procedimiento para salvar lo que se encuentra. Es dolorosa la forma en que todo se destruye y el poco cuidado que se pone en preservarlo*» (DANIEL 1967: 226).

37 «*Pero ningún yacimiento puede ser abandonado después de ser excavado y dejado a la merced de la inevitable destrucción que producen los agentes naturales o humanos*» (ICCROM 1985: 19).

Prof. G. Gränderbergen: (Mirándola por encima de las gafas) ¿Sabe usted señorita el trabajo que llevaría ese asunto? Sin el beneplácito de la administración y sin apoyo poco podemos hacer a no ser que un año no excavemos o... que sea un año de elecciones. Y dedicando sangre sudor y lágrimas... pero sin el proceso siguiente de cubrición, mantenimiento, sulfatar, aplicación de herbicidas, solarización y similares, en un par de meses estaría igual que ahora, hasta que no se plantee un proyecto completo, y me temo que eso tardara. No creo que ni yo ni Colin veamos de nuevo las maravillas que se esconden debajo.

El profesor se refería a los suelos de una serie de estancias decoradas con mosaicos, ya que parte de las cuadriculas habían tocado algunas habitaciones. Sin embargo, después de su exhumación, dichos mosaicos eran sacados a la luz en contadas ocasiones —fiestas, visitas, etc.— provocando que con los cambios de temperatura y humedad, poco a poco se habían deteriorado, quedando dicho en su último estudio una pérdida de coloración en gran parte de las teselas, así como la perdida de pequeños fragmentos, los cuales sería bastante complicado volverlos a poner en su lugar, e incluso se decía que algunos fragmentos de dimensiones considerables estaban en la casa de algunos de los concejales que por aquel entonces desempeñaban la función pública.

De los labios del maestro, salieron las palabras que solía repetir el profesor Blücher.

(Relinche de caballos)

Prof. G. Gränderbergen: *Vetustate colapsum.*

Mozinha: ¿Qué quiere decir profesor?

Prof. G. Gränderbergen: (Preguntando) ¿Os acordáis de la primera clase de latín que os dieron en la universidad? ¿Quién os la dio?

Mª. Flor de Azahar: Si claro, el profesor Rivers.

Prof. G. Gränderbergen: ¿El profesor Rivers? ¿El profesor Pitt Rivers[38]?

Mª. Flor de Azahar: No, maestro. El profesor Nick Rivers[39].

BSO: *Top Secret* (1984) *"Skeet surfing"*
Top Secret OST

Prof. G. Gränderbergen: ¿Y cuál fue la primera frase q os enseño?

Nigel Belzoni: *Semen retenum venenum est.*

Prof. G. Gränderbergen: Oh, por Harris, no podría empezar como todo el mundo. *Quousque tandem abutere, Catilina, patientia nostra*[40]? Volvamos a nuestro tema.

Prof. G. Gränderbergen: *Vetustate colapsum.*

Salvatore Marina: *Inertia curae.*

Contestó nuestro mancebo con una mirada triste pero cierta.

Prof. G. Gränderbergen: (Interesándose en nuestros efebo) ¿Que le ocurre muchacho? No se apene por algo así. Toda Hispania está repleta de yacimientos en esta o en peores condiciones.

---

38 Augustus PITT RIVERS (1827-1900). A.K.A. Augustus Lane-fox. Iniciador de las técnicas actuales de excavación, con la publicación de sus excavaciones realizadas entre 1880 y 1900 (*Excavations in cranborne Chase*). En las notas preliminares del libro de DANIEL, aparecía la anotación manuscrita de «*Con buena polla bien se jode*», aunque luego apareció de esta manera: «*Sin limitaciones de financiación ni de tiempo, Pitt Rivers fue capaz de hacer de estos trabajos un modelo de excavación científica*» (DANIEL 1967: 230).

39 Famoso cantante americano de mucho éxito en la Alemania Oriental.

40 Salustio *dixit* (CICERON 1994: 15).

Salvatore Marina: No, profesor, estoy pensando, solamente.

Recitábale el tierno aprendiz.

Salvatore Marina: Antes, en el mesón, he coincidido con el jefe de obra, y bueno...

Prof. G. Gränderbergen: Ya, lo he visto cuando hemos entrado, pero no he querido acercarme. Estaban todos reunidos, y no sé porque me da que esa comida no va a ser corta.

Corrió a contestarle Gordon moviendo su cabeza ladeada como si de un perro de salpicadero se tratara.

Prof. G. Gränderbergen: ¿Qué le ha dicho, pues?

Salvatore Marina: Uff, profesor, no sé si conviene decirlo aquí y ahora, hay ropa tendida.

Indicábale Salvatore mirando a los más jóvenes.

Prof. G. Gränderbergen: (Quitándole hierro ll al asunto) ¡*Nonty preocupare*, muchacho! Les estamos enseñando Arqueología a estos muchachos. Queramos o no, está en una de las partes de la misma, y creo que no se enseña en la universidad.

Salvatore Marina: Bueno, profesor, no sé yo.

Prof. G. Gränderbergen: ¡Venga muchacho! Sabemos el lenguaje que utilizan estas personas, no creo que me sonroje.

Señalaba el maestro, a sabiendas que no le había regalado la oreja a su pujante discípulo.

Salvatore Marina: Pues, se lo voy a resumir, ya que me ha dicho *ex proceso* que le dijera esta frase para que lo entendiera bien.

Prof. G. Gränderbergen: Dígame entonces,

Salvatore Marina: Pues ha dicho que *"poneros un pos-it en la puerta de la nevera o en la frente de las putas, lo que abráis con más frecuencia, pero tenéis que terminar la obra en el plazo señalado"*.

El silencio se hizo de repente.

Prof. G. Gränderbergen: Vaya, como sigan teniendo tanto poder estos albañiles venidos a constructores, esto al final se va a ir a tomar por culo. Que prisa tendrá si terminamos o no, si no van a poder hacer nada de lo que tenían planteado.

Hernán Delfino: Lo malo es que nos ven como liberadores de suelo, limpiadores de solares, un trámite más por el que tienen que pasar antes de poder especular. Si no conseguimos una conciencia patrimonial con la gente, nada de nuestro trabajo será visto con buenos ojos, y habremos perdido un tren para llegar a buen puerto[41].

Prof. G. Gränderbergen: ¿El puerto de Roma, muchacho? *Lo cierto es que para poder conectar con la sociedad, el primer paso es conocerla*[42].

Díjole el profesor observando que los delfines se estaban poniendo cada vez más y más impulsivos.

---

[41] «*...la arqueología ha ido al rebufo del desarrollo de la obra pública y privada. En estos años ha habido innumerables intervenciones, cuyos resultados duermen el sueño de los justos en algún estante de la administración competente, quizás merecidamente porque solamente constituyen pesados volúmenes de papel sin contenido alguno*» (DOMINGUEZ 2011: 75). «*La ausencia de comunicación entre la Arqueología y la sociedad (...), provoco que, la Arqueología como disciplina y como profesión, soportase una difusión involuntaria, desde los años 90, relacionada con su intervención en los procesos de construcción de obra civil. El arqueólogo se convirtió en el causante de la paralización de las obras, debido a la aparición de restos. Un profesional nefasto, que hacia perder dinero a los promotores y frenaba el progreso y el desarrollo*» (MARTINEZ MARTINEZ 2013: 378).

[42] (VIZCAINO 2013: 27).

Tito Polus: (Entrando en la conversación) Las prisas les vienen porque no han sido capaces de presupuestar ciertos trabajos, y pensaban que esto se lo iban a quitar en cero coma. Son tan ineptos que no saben ni presupuestar los camiones de tierra, es sabido que un metro cúbico de tierra compactada se convierte en el triple cuando se desmenuza. Con un simple cálculo, se puede hacer una aproximación de lo que te va a hacer falta y el tiempo invertido. Si eso no lo calculas, difícilmente podrás hacer un cálculo realista.

Prof. G. Gränderbergen: La botella del respeto hay que llenarla por la vía cultural y educativa[43], es inútil imponerla por vía penal. Sin embargo, creo que le vamos a enviar una pequeña carta para que también sepa que podemos mear a barlovento.

Unas sonrisas y carcajadas salieron de los rostros apasionados de los jóvenes. Acababan de empezar una ocupación que les llevaría toda su vida. El maese ya había lidiado varios combates dialécticos con otros jefes de obra. Y no sería el último. Por eso, mando a Lancaster que cogiera papel y bolígrafo, y que escribiera las palabras que iba a recitar. La misiva que redactó para el constructor rezaba de esta manera:

Narrador: Estimado agrimensor...

Prof. G. Gränderbergen: (Con clase) Pssss... Así no, hombre, ponle banda sonora to guapa.

Narrador: Oca, ejem,..

    BSO: *El Último mohicano* (1992) *"Main Title"*
    Trevor Jones

---
43 Parafraseando a Michel de Montaigne (1533-1592): «*El niño no es una botella que hay que llenar, sino un fuego que es preciso encender*».

Narrador: Estimado agrimensor... Habiendo recibido con desdén y mesura las palabras narradas a mi joven y hercúleo pupilo, le comento que la obra en cuestión y su consiguiente preocupación en la psique de los suministros, estará finiquitada aproximadamente *ad kalendas grecas*, si todas nuestras expectativas y deseos se cumplen, mientras sus veleidades pecuniales o su formato detritus en forma picara y fondo oblicuo no se inmiscuyan en nuestra labor, y no queriendo dejar pasar este momento para mentarle el ruego a la matriz de su origen. Y que le abastezcan por gentileza de uno de los emperadores Ilirios.

(Sonido de aplausos)

Salvatore Marina: Que grande es usted, profesor,

Macarena Easo: Que poético...

Prof. G. Gränderbergen: Todo lo poético, abierto y caliente mola, es como un buen escote[44].

BSO: *El Último mohicano* (1992) "Main Title"
Trevor Jones

-----Corte de pista-----

BSO: *All my Friends are dead* (2005) "Party animals"
Turbonegro

Junto a la excavación de Barondandyaran, se encontraba parte de la necrópolis del poblado, concretamente una necrópolis bajoimperial, y de las más típicas, fechable entre los árboles, ehh, no, en los albores del siglo II/IV de nuestra era. En ella se encontraba la Srta. Barley, la antropóloga[45] del equipo, limpiando uno de los huesos exhumados.

---
44 Elena Taboada *dixit*.
45 Se dice que ella fue la que puso el anuncio en el Mongolia. «*Antropóloga busca amor salvaje para relación civilizada*» (MONGOLIA. Año IV. Núm. 43.Pp 34 Abril 2016).

Con delicadeza y elegantemente iba quitando la capa de tierra que cubría los elementos óseos, concretamente el cúbito y el radio del brazo derecho que se encontraba flexionado presionando la caja torácica, y más concretamente la costilla 5, la 6 y las flotantes izquierdas. La bella antropóloga, de largo cabello rubio recogido en un moño deshilachado, movíase libremente como un ser eurítmico, dejándose entrever el violín de Ingres tatuado en su parte baja lumbar.

Salvatore Marina: ¡Hola maja! Vemos que sigues añadiendo amigos, eh.

Srta. Barley: (Sonriendo) Hola chicos, que tal, me pilláis con la manos en la masa.

Decía ella mientras se limpiaba las manos en la parte trasera de sus diminutos pantalones color caqui...

Narrador: ¿El caqui es un color, verdad cariño?

Esposa sexy del narrador: Si cari, es un tono de marrón.

Prof. G. Gränderbergen: Vaya señorita, parece que le están saliendo todas las tipologías de exequias.

Decía el profesor mientras se encendía su cigar...

Srta. Barley: Si profesor encontramos fosas simples, algunas con recubrimiento de pizarras o de tégulas, a dos aguas, siguiendo la pauta de la campaña anterior.

Comentaba ella mientras recorría con la mirada el horizonte de muchachada que estaba alrededor del profesor, parando súbitamente el movimiento ante la figura de nuestro adonis, aguantándole la mirada y guiñándole un ojo de forma sensual. Su movimiento eurítmico encandilaba a propios y foráneos extrañamente silenciados por la sencillez y elegancia sobriedad de sus formas, ubicada en la parte más alta de un altar politeísta.

Prof. G. Gränderbergen: Veo que esta campaña te vas a hartar de excavar todo tipo de estructuras.

Srta. Barley: Lo se profesor, ya me gustaría volver a la gran zanja que abrimos cercana a la vía láctea, donde se encontraban la gran cantidad de moradas, estelas o a la zona de los columbarios... *viendo y contemplando a todo aquel que viene y va a la ciudad.*

Decía la Venus haciendo hincapié en los monumentos funerarios —a modo de estelas para que fueran honradas por los viajeros— que se encontraban alrededor de las vías principales de los *vicus* o *civitas* romanas.

Prof. G. Gränderbergen: Ya señorita, pero no podemos quedarnos en lo más emblemáticos, sino que tenemos que delimitar todas las zonas funerarias existentes... Esperemos que esta campaña no saque ningún taxón lázaro[46].

La mirada de la fémina dejaba entrever una mirada crisálida, mortuoria y pícara.

Srta. Barley: (Con media sonrisa) Lo sé, profesor, pero bueno, ya que se va a limpiar el laboratorio, por lo que he oído, podríamos colocar las cajas de las unidades funerarias.

Prof. G. Gränderbergen: Si claro, dígaselo a Salvatore que esta tarde se va a pasar un buen rato en el laboratorio...

Srta. Barley: (Con un leve movimiento de cuello mira a Salvatore) Salvatore, rey. ¿Me echas una mano esta tarde?

Dijole ella de manera delicada.

---

[46] Fenómeno paleontológico por el que un determinado taxón no aparece en el registro fósil durante un intervalo estratigráfico significativo, por lo que aparenta haberse extinguido, pero vuelve a aparecer de nuevo en capas mucho más recientes. Vamos, lo que pasa con la moda actualmente.

CAPÍTULO 3

Salvatore Marina: (Con mirada perdida) Por supuesto.

La mirada de los dos jóvenes se cruzó en el viento, una mirada que dejaba abiertos muchos interrogantes, como si entre ellos hubiera o hubiese cuestiones pendientes.

Srta. Barley: (Sonriendo) ¡Genial! Porque tengo que llevar unos 15 cuerpos más y no creo que hubiera sitio en el almacén según me ha comentado la nueva restauradora.

Prof. G. Gränderbergen: Pero bueno Srta. Veo que su equipo se ha esmerado en dejar toda la zona perfecta para una vista genital[47].

Srta. Barley: Ehhh... Si profesor. La verdad es que sí. Jamás tendrá una alumna más sumisa que yo. Tengo un grupo muy bueno, muchas nacionalidades y diferentes técnicas.

Decía ella mirando a los compañeros que estaban junto a ella.

Prof. G. Gränderbergen: Lo bueno de la internacionalización de los equipos es que se puede ver nuevas formas de trabajo y de documentación.

Srta. Barley: Así es profesor. Incluso he descubierto diferentes maneras de palear... Jajaja...

Hernán Delfino: Ehh, ¿A qué te refieres?

Prof. G. Gränderbergen: Se lo voy a explicar, pequeño padowan...

BSO: *Soul Bossa Nova* (1962) "Big band Bossa Nova"
Quincy Jones

---

47 Cenital (Fallo de trad.).

Prof. G. Gränderbergen: Existen dos clases de personas si atendemos a su manera de palear, los que palean a la manera patria – en la cual la mano no motriz sobre la caña se coloca en la parte inferior, sujetando el peso de la misma en la palma de la mano, haciendo del paleo mecánico y visceral, muy adecuado para una carga a niveles diferenciados; o los que lo hacen a la manera francesa, -donde la anteriormente extremidad descrita se coloca en la parte superior de la caña, dejando el dorso de la mano cara vista, lo cual produce un paleo más fino y seco, debido al giro de la mano sobre la empuñadura, siendo conveniente para una carga a un mismo nivel, y eso sí, nunca escogiendo la pala con empuñadura en D, que son para medievalistas. ¡Supera esto, Carandini[48]!...

Hernán Delfino: Vaya, nunca lo había pensado. Siempre pensé que había dos maneras... Una buena y otra que te jodía la espalda...

Luca di Tena: Y no te olvides la del gran Derek Zoolander.

Srta. Barley: (Riéndose y mirando a nuestro *hero*) Jajaja... Si es verdad, pero bueno, fijaros en la última incineración que hemos sacado.

Salvatore Marina: A ver a ver,

Dijo Salvatore con alegría.

Ella hizo suyo el lema de las barras americanas[49] para bajar a la cata donde se encontraba la incineración. Justo después bajo nuestro adonis. Ella se puso de cuclillas, el detrás de ella.

      BSO: *Ghost* (1990) "Unchained melody"
             Righteous Brothers

---
48 (CARANDINI 1981).
49 Sube como un bombero, baja como una stripper (N. del E.).

Sus cuerpos se colocaban a *hueso* ya que sus labras esmeradas permitían su perfecto acoplamiento produciéndose un efecto de claroscuro entre sus fábricas. Su pasado estereotómico haría que su perfecta colocación individualizara cada una de sus acciones y movimientos, por el simple hecho del efecto apotropaico del acto en sí.

<u>Srta. Barley</u>: Mira Salvatore, que labra tan fina tiene el recipiente.

Ella cogió la mano del adonis y la paso por la boca...del recipiente, suavemente con la yema de los dedos iba rozando el labio... de la figura troncocónica, mientras el cerraba los ojos y a modo de braille iba averiguando la incisión acanalada del interior del labio.

<u>Srta. Barley</u>: (Melosamente) Estas notando... el zigzag ... ¿A que es maravilloso?

Decía ella mientras seguía guiando la mano del esbelto efebo por la forma globular de sus... recipientes... de incineración.

<u>Srta. Barley</u>: Si te fijas bien, Salvatore, esta incineración, de posiblemente un *nonato*, tiene un hecho muy curioso, que es la reutilización de una cerámica, pero en este caso han cogido una cerámica indígena, seguramente por algún condicionante social.

<u>Salvatore Marina</u>: Es verdad, pero me parece muy antigua. Esta decoración de raya/punto en cerámica del bronce final es la conocida como boquique...

<u>Srta. Barley</u>: Pero en estos ambientes, no sé qué decirte...

<u>Salvatore Marina</u>: Lo sé, es muy fina. Es la que se conoce como boquique de piñón.

<u>Srta. Barley</u>: ¡Es verdad! No había caído en eso, pero bueno, espero sacar los recipientes para que los puedas echar un vistazo esta tarde o mañana y me des tu opinión.

Díjole ella dándose la vuelta en el pequeño habitáculo, quedando sus pechos a la altura de los labios del efebo. La chica miraba al chico. El chico miraba a la chica. Los dos subieron sincronizados en el tiempo.

Una vez arriba, la mirada cómplice de los dos investigadores se hacía palpitable. Él bebió y se humedeció el cuello con su mano. Ella bebió y se mojó la cara para sofocarse del calor, causando que el agua le mojara la camiseta y originándole que se notara, como si de unas fíbulas anulares Fowler b1 según Mariné se trataran, bajo la húmeda y prieta prenda, haciéndole tragar saliva a nuestro héroe.

Prof. G. Gränderbergen: Bueno señorita, veo con agrado que cada pequeña fosa nos da un nuevo e interesante hallazgo. Siga así. Esto es como la heroína del recuerdo.

Decía el profesor sujetando por el hombro a la bella mujer y dándole una sincera palmada en la espalda a su pupilo.

Srta. Barley: Bueno, voy a terminar de fotografiar y enumerar esos restos y ahora os veo en el labo, que aunque esté cerrado, ya sabes que puedes entrar cuando quieras...

Salvatore Marina: Oca.

BSO: *Será que no me amas* (1990) "20 años"
Luis Miguel

[*Blame It on the Boogie* (1978) "Destiny" The Jacksons 5]

El calor seguía apretando. Los muchachos se despidieron de la *Bella Donna* e iniciaron su camino hacia las dependencias del laboratorio, donde les tocaría realizar otras singulares tareas. Lancaster y Luca hablaban entre ellos.

Luca di Tena: No sé por qué, pero ahora mismo me ha venido a la cabeza la frase que le dijo André Agassi a Steffi Graft[50] cuando empezaron a entrenar juntos.

Lancaster Williams: No estás de todo desencaminado, amigo.

Salvatore Marina: Algunas veces pienso que vosotros estáis en otra UE.

Comentaba Salvatore mientras cogía por los hombros a sus amigos.

Luca di Tena: ¿Acaso estamos desorientados, Salvatore? ¿Acaso no queremos lo mejor para ti? No culpes a la noche.

Lancaster Williams: Es como si tuviéramos en cuenta el efecto Baumol[51] en una orgia, y seguro que *te la trae al pairo la teoría Braudeliana*[52]. ¿Acaso no te gustaría entrar en los *Annales* de la Historia?

Salvatore Marina: Por Harris, Lancaster, céntrate...

Luca di Tena: Creo que tiene una relación *"ad spolia"*...

Lancaster Williams: Vaya... ¿Cómo el tipo de sillería hispanomusulmana de época Omeya de mediados del s. IX?

Luca di Tena: Sip, tienen trazas de relaciones anteriores...

Lancaster Williams: Uhmm... Yo diría que es como los sillares almohadillados, una solución técnica que se acaba convirtiendo en una cuestión estética...

---

50 «*Te voy a romper en el servicio*».

51 «*...en los sectores con incremento escaso o nulo de la productividad los salarios también aumentan con el tiempo y como no pueden financiarse con aumentos de la productividad, se financian con aumentos de los precios*» (BAUMOL 1972).

52 (COMENDADOR 2013: 120).

Luca di Tena: Podríamos definirlo así, sería como adobar con calcetines, pierdes sensualidad y estética, pero ganas tracción.

Lancaster Williams: (Poniéndose el dedo índice en la boca a lo Monedero) Uhmmm, Semental, querido Watson...

BSO: *Será que no me amas* (1990) "20 años"
Luis Miguel

[*Blame It on the Boogie* (1978) "Destiny" The Jacksons 5]

(Cortinilla de cambio de escena. Intersticio musical)

BSO: *Batman* (1966) "Original TV Soundtrack"
Nelson Riddle

CAPÍTULO III.3

 Segmento 1    Parte 3,14    Segmento 3

(Exteriores. En la excavación. Grupos de personas trabajando en diferentes cortes. La tarde pasa a buen ritmo. Humedad relativa con un repunte de calor).

BSO: *Little house on the prairie* (1973) "Little house on the prairie"
David Rose

Entre el calor sofocante de la tarde y el olor a flores silvestres, la chavalada se encaminaba a sus puestos de trabajo.

Diferentes personas y un mismo objetivo: la investigación de nuestro pasado común. Como si de diferentes ramas de una matriz de Harris, nuestros personajes se encaminaban hacia la zona de almacenes y laboratorios. En esas casetas de obras, existía una zona acondicionada como despacho que rara vez era utilizada, a no ser que hubiere que realizar uno de los informes preliminares que periódicamente había que mandar a la administración, algo así como un registro mensual que llevaban a cabo.

(Sonidos de pajarillos)

En ellos, algunas veces tan tediosos como la implicación de la medida aurea en el sexo de los Ángeles de San Rafael –Provincia de Segovia- se asemejaba a un modo de diario de campo de las últimas vicisitudes o incidencias, pero de cara a la galería, ya que la verdadera información real, se encontraba en aquellos diarios de cada jefe de cata o de los mismísimos directores, verdaderos palimpsestos asamblearios. Era una forma de mantener contenta a la administración, y hacerles creer que les poníamos al corriente de todas las cosas que pasaban en el día a día. Pocas veces contestaban a ellos, y solamente, cuando les relatábamos la aparición de "restos" importantes, curiosamente, a los pocos días, teníamos la vista de algún técnico interesado.

BSO: *Cannonball* (1985) "Brother where you bound[53]"
Supertramp

Hay que decir, que estos informes debían estar escritos por los directores de la intervención, ya que sobre ellos recaía toda la responsabilidad del proyecto, pero ni el profesor Blücher...

---
53 Canción compuesta por Rick Davies en Sol menor, que según él, «lo hice para ver si podía hacerlo». En el video de la canción aparece una pareja de sapiens y en el escenario el esquema de la evolución humana (N. de A. Friki).

(Relinche de caballos salvajes)

...como al profesor Gränderbergen, les gustaba estos trámites, e intentaban retrasar todo lo posible la redacción del mismo. Sin embargo, a todo cerdo le llega su San Martin, y dado que tenían que entregarlo, siempre solía encargar a Lucy para la redacción del mismo.

Lucia Ferdel Campo: ¿Cuando hemos quedado con la administración para entregarle los papeles?

Prof. G. Gränderbergen: Pues si no recuerdo mal, en los idus de *sextilis*...

Lucia Ferdel Campo: ¿*Sextilis*?

Salvatore Marina: Si, recuerda que el profesor es republicano...

Lucia Ferdel Campo: Ahh, vale. Pues nada. Para antes del día 13... Siempre sin prisas, ¿Ehh, profesor?

Decía la joven mientras se alejaba a otras dependencias.

Prof. G. Gränderbergen: (Riéndose sin ganas) Ja ja ja... No en serio. Hagan el informe tipo de todos los meses, y comenten en el escrito levemente, la aparición de niveles del s.IV, pero levemente, no quisiera tener una visita inesperada de esas hienas... Prefiero tener pruebas fiables de lo que hemos encontrado.

Salvatore Marina: Le entiendo profesor. Ya sabe que a mí no me importa, me viene bien volver a mirar las fichas. No hay dios que entienda la letra de Luca... Pero se de una persona a la que le va a hacer ninguna gracia.

Prof. G. Gränderbergen:. Ahhh, siempre igual. ¡Como si fuera un suplicio para ella! Además por eso le pongo a usted al cargo. Me da miedo juntar a maca con ella en una habitación... Y más miedo me da juntarla con Luca.

CAPÍTULO 3

Decía el profesor mientras pasaba a su lado el simpático italiano.

Uno de los últimos informes redactados por el profesor para la administración, rezaba de la siguiente manera:

(Sonido de telégrafo)
Querida administración.
Stop.
Seguimos trabajando como intelectuales en el jardín de Ho Chi Minh.
Stop.
Sentimos cada vez más calor.
Stop.
Estamos acercándonos peligrosamente al centro de la tierra.
Stop.
En cuanto sepamos lo que estamos haciendo.
Stop.
Se lo comunicaremos.
Stop.
Que pasen unas felices fiestas.
Stop.
Pónganos a los pies de sus señoras.
Stop.
Siempre suyo.
Prof. G. Gränderbergen.
XXX

Curiosamente, este escrito fue rechazado. Pero no por el contenido del escrito, sino por su forma, ya que se había presentado como un escrito normal y no como un burofax –telegrama en este caso- y tenía que indicarlo en la parte superior izquierda y notificar a la administración su envío con 48 horas de antelación.

La contestación de la administración, donde también se incluía el escrito del profesor, estaba fotocopiada y exhibida en casi todas las dependencias del complejo, para una función social.

Salvatore Marina: ¡Lucy!

> BSO: *Lucy in the sky with diamonds* (1967) "Sgt. Pepper´s Lonely Hearts Club band"
> The Beatles

Salvatore Marina: Tenemos que hacer un informe, ¿Por dónde empezamos?

Lucia Ferdel Campo: Espera, que los informes —como me pasa en las largas noches de estudio en la carrera— son como una mamada... Hasta que no me hago la coleta, no me lo tomo en serio.

Decía la joven secretaria sacando una sonrisa a nuestro hercúleo amigo, mientras se hacía una cola de caballo.

Lucia Ferdel Campo: (Con una sonrisa floja) Hombre, pues yo creo que como siempre, vamos a coger el ultimo que enviamos y cambiamos la parte del final, que es lo único que van a leer.

Salvatore Marina: (Titubeando) Pues... Tienes razón. Estaba pensando en hacer una carta meramente informativa, pero si le mandamos algo más, mejor. Aunque en la práctica lo único novedoso será esa última página.

Lucia Ferdel Campo: Puede, a veces me da que pensar.

Salvatore Marina: Empecemos.

CAPÍTULO 3

BSO: *The Typewriter* (1963) "Who´s minding the store?"
Leroy Anderson

Salvatore Marina: A la atención de bla bla bla... Por la presente, le comentamos que en el trascurso de la obras referidas de...

Lucia Ferdel Campo: Bla, bla, bla,... Ya sé por dónde vas, la intitulación clásica...

Salvatore Marina: Los cortes, bla, bla, bla, han dado como resultado la aparición de, bla, bla, bla, de la terrera que creemos...

Lucia Ferdel Campo: Bla, bla,... De las antiguas excavaciones de Barondandyaran, las cuales fueron realizadas en la década de los años...

Salvatore Marina: ¡Exacto! Así me gusta... Punto. Y por tanto, le informamos que bla, bla, bla...

Lucia Ferdel Campo: Me gusta. Queda conciso y se entiende perfectamente... Y no decimos nada que no hayamos comprobado todavía...

Salvatore Marina: Pon unas descripciones generales de estratos con dos o tres cotas y ya está...

Lucia Ferdel Campo: Si ponemos más cosas no lo van a tener en cuenta.

Salvatore Marina: Por eso...

Comentaban los dos jóvenes mientras las palabras iban tomando forma.

Lucia Ferdel Campo: ¿Quieres que pongamos algo de materiales?

Salvatore Marina: No. Acaso, pon que se percibe el servicio clásico de cerámica altoimperial de meseta que se encuentra en yacimientos afines,..

Lucia Ferdel Campo: ¿Algo más?

Salvatore Marina: Esta muy bien. Ya que estamos, termina diciendo que se están desarrollando los trabajos como de costumbre y que hemos vuelto a ver indicios de piteros en los límites del yacimiento, por lo que sería conveniente que la patrulla de la benemérita siguiera con sus pasadas vespertinas atemporales...

Lucia Ferdel Campo: De acuerdo, pues esto ya está. Si no quieres poner nada más...

Salvatore Marina: Yo creo que no. Revisémoslo y lo sacamos en papel.

Lucia Ferdel Campo: ¿Lo firmas tu o el profesor?

Díjole la joven a nuestro efebo con la mirada puesta por encima de la montura de sus gafas.

Salvatore Marina: Hombre espero que lo firme el, que esta vez no tiene excusa.

Lucia Ferdel Campo: Ya, pero te sale mejor su firma a ti que a él.

Sentenciaba la joven mirando con anhelo a nuestro héroe.

Salvatore Marina: Ya. También es verdad.

BSO: *Dolce Vita*. (1983)
Ryan Harris [Paul Mazzolini & Pierluigi Giombini]

Lucia Ferdel Campo: Vale, pues voy a sacar un par de copias y se las llevo para que las firme

Salvatore Marina: Vale. Voy a ver a Lancaster y me voy a limpiar el laboratorio.

(corte de escena)

(Vida real. Exteriores. En la excavación. Momento onírico. Interiores. Dentro del bar "La ostra azul". Gente de la excavación tomando café. Gente del pueblo haciendo lo mismo. Humedad relativa. Un poco de calor aunque se nota el aire acondicionado)

(Sonidos de pajarillos)

Francisco Drebin: Se acuerda profesor, de la conversación que hemos tenido durante el café...

Prof. G. Gränderbergen: Si claro. Como para olvidarla...

(Música de lira)

BSO: *Good Thing* (1989) "The raw and the cooked" Fine Young Cannibals

Prof. G. Gränderbergen: Y si se fija usted bien, agraciado adonis, puede ver perfectamente la marca del alfarero local, lo que indica una procedencia de las inmediaciones, presuponiendo que las poblaciones indígenas, podían y realizaban cerámica de este tipo.

Hernán Delfino: Ya profesor, lo dice por estas marcas en la base de la cerámica.

Prof. G. Gränderbergen: Así es, escrito en cursiva romana perfectamente legible.

Hernán Delfino: Ahhh, vale. Lo puedo leer perfectamente... Aquí dice... *Fecit in Hispaniam*

Decía el jovenzuelo con cierta PARsimonia

Francisco Drebin: Que curioso, me gustaría dibujarla, rendelizarla, decorarla y realizar un modelo en escayola.

Dijo el muchacho mientras hacia el gesto de echarse queso PARmesano en su plato.

Prof. G. Gränderbergen: Bueno muchacho, ya miraremos los detalles.

Dijo el profesor, mientras pensaba verbos en PARticipio.

Francisco Drebin: Suena muy interesante profesor... Podríamos sacar una serie de moldes donde visualizar las diferencias de la cerámica de tradición indígena con la foránea mediante un análisis estadístico en lenguaje binario...

Prof. G. Gränderbergen: No he entendido nada de lo que me has contado, muchacho.

Mascullaba Gordon mientras la tez se asemejaba a un PARquímetro.

Francisco Drebin: No se preocupe profesor, le hare una presentación vía power point para esta tarde donde le explicare todo esto y le enseñare unas fotos tratadas donde hemos cambiado el proceso de RGB a CMYK mediante la maquina enigma.

Prof. G. Gränderbergen: Bien muchacho, aunque no entiendo la mitad de las palabras que salen de su boca, me deja usted anonadado con su forma de expresarse... Tengo unos conocimientos informáticos asemejables a un niño de PARvulario, recuerde.

Decía el profesor, mientras golpeaba PARte de la espalda del muchacho, no sin antes hacerle un gesto al camarero para pedirle los cafés.

Barman: (Con clase) Dígame profesor...

Prof. G. Gränderbergen: Yo quiero un café cortado, corto de café con leche desnatada, pero fría, ¿y usted muchacho?

Francisco Drebin: Yo otro cortado con una nube y canela.

Barman: Marchando, dos cafés con leche

Dijo el tabernero mientras insinuaba una leve sonrisa que haría helarse a una rosa de invierno, ya que eran esas pequeñas conversaciones fugaces y esos lugares de esparcimiento, la chispa de la vida, la unión del mundo rural y la gente del burgo, hacía que comprendiera y apreciaran su pasado, y que otros no se olvidaran de él.

Prof. G. Gränderbergen: Salvatore, ¿Te das cuenta de las inscripciones de algunos vasos y ánforas que hemos encontrado en la excavación del interior y el exterior de la estancia 4?

Salvatore Marina: Si claro profesor, son geniales, tipológicamente hablando.

Prof. G. Gränderbergen: ¿Se acuerda de cuando aquella asociación femenina de Arqueózoologas le pidió que le hiciera unas camisetas que partieran la plana y que llamaran la atención?

Salvatore Marina: Si, claro que me acuerdo, todavía estoy esperando el juicio... No vuelvo a pedirle consejo a Luca sobre ciertas cosas...

Decía nuestro héroe con la mirada puesta en el horizonte.

Luca di Tena: ¡Que bonitas quedaron! Aunque la gente no entendió muy bien el concepto, era muy subliminal, adelantado a su tiempo,

Prof. G. Gränderbergen: (Ojiplático) ¿Subliminal, Sr di Tena? A mí y a la jueza le pareció bastante directo y provocativo...

Luca di Tena: No entiendo porque, la verdad...

Salvatore Marina: (Indignado) ¿Que no entiendes? No te parece bastante provocativo una camiseta con una silueta de un cánido y la Venus de Willendorf en la parte delantera, y atrás ocupando toda la espalda la frase "A cuatro patas, yo también soy el mejor amigo del hombre"?

Las palabras del núbil resonaron enérgicamente en el ambiente.

Luca di Tena: (Como si fuera normal) Impactante si, a mí me gustaba... Se veía muy bien y...

Salvatore Marina: Si que se veía, ya lo dijo la jueza... pero dígame, profesor, ¿Qué quiere decirnos con todo esto?

Preguntó nuestro mancebo con los brazos puestos en posición de *dressel* 20.

Prof. G. Gränderbergen: ¿Qué le parece muchacho, si cuando se ponga nuestro artista a realizar sus cosas, le pasa las fotos de esas inscripciones y hacemos una tirada de camisetas para el final de la campaña?

Francisco Drebin: (Preguntando a su compañero de forma heterosexual) ¿Que inscripción es, Salvatore?

Salvatore Marina: Es una pequeña inscripción grabada a punzón en multitud de vasos y ánforas, que dice "*Vivamus, reple me*"

Francisco Drebin: Ahh, me gusta, es muy original. ¿Para ponerla por delante, no?

Prof. G. Gränderbergen: Perfecto, Salvatore, cuando estés en la oficina, se las hace llegar, y no se olvide de hacerme PARticipe de sus pesquisas.

Salvatore Marina: De acuerdo profesor.

Decía Salvatore moviendo lentamente su esbelta figura asemejable a una cariátide del mismísimo PARtenón...

Prof. G. Gränderbergen: Esperemos tener las camisetas cuanto antes y que no se convierta en PARto. Recuerde que trabajar en arqueología no es un hobbit, lo hacemos por Frodo.

Tito Polus: De acuerdo profesor, ¿Pero no cree que ese tipo de acciones hacen más por la labor de *disneyficar*[54] una realidad y convertirla en un producto de alcance a los consumidores, movidos por un interés puramente lúdico?

Prof. G. Gränderbergen: Voy a intentar explicarte la didáctica y/o divulgación en arqueología mediante el singular mundo de los horizontes edafológicos.

>BSO: *Out of time man* (1991) "King of Bongo"
>Mano Negra

Los horizontes edafológicos, *a.k.a.* suelos, es la parte superficial de la corteza terrestre biológicamente activa, que proviene de la alteración física y química de las rocas y de los residuos de las actividades de seres vivos que se asientan sobre ellos. Se designan mediante las letras O,

---

[54] Palabro creado *ad hoc*. «*VI. La interpretación dirigida a los niños (digamos hasta los doce años) no debe ser una dilución de la presentación a los adultos, sino que debe seguir un enfoque básicamente diferente. Para obtener el máximo provecho, necesitará un programa específico*» (TILDEN 1957: 39).

A, B, C entre paréntesis que traducen sus características, posicionamiento, proceso de formación, etc,...

Prof. G. Gränderbergen: Bien, pues empecemos por el horizonte (O), horizonte orgánico formado en la parte superior del suelo por condiciones aeróbicas al aire; horizonte (A) horizontes minerales oscurecidos por aportes de materia orgánica, laboreo, pastoreo, que puede estar en superficial (Ap) o enterrada (Ab); luego vendría un horizonte (B) mineral, situado en el interior, bajo un horizonte (A); y terminaríamos con (C), un horizonte mineral poco o nada afectado por procesos edafogenicos, es decir, por los factores formadores.

Con este ejemplo, ponemos como horizonte (C) al mundo endogámico académico, y el horizonte (O) como todo aquello que se dice mass media, turismo o similares, susceptibles de ser "movidos" por vientos de cambio.

BSO: *Ветер перемен* (Winds of change) (1990) "Crazy World" Scorpions

Tito Polus: (De forma calmada pero incisiva) Pero, profesor, la formación de una conciencia patrimonial, al igual que los suelos, necesita de tiempo y de la actuación de diferentes factores. Si la actual didáctica solo se queda en la capa superior, y la capa más interna sigue anclada, las capas que nos importan -que son las intermedias, ya que nosotros, los que nos dedicamos a esto solemos ser horizontes (B)- quedan a merced de aquellas labores del arado mediático. Pudiéndose llegar a la idea de que en la arqueología española, solo hay un culpable; los franceses.

BSO. *Smalltown boy* (1984) "The age of consent" Bronski Beat

CAPÍTULO 3 169

Prof. G. Gränderbergen: Ahh, muchacho, se lo explico de otra manera. Un día hablando con una amiga lesbiana de mediana edad, en el trascurso de la conversación salió el tema de las películas eróticas de índole hetero y/u homo, a lo que ella me contesto que en determinadas ocasiones, una respuesta positiva externa es altamente gratificante en contra de un falseamiento oportunista o teatralización de ciertas actrices heteros en situaciones lésbicas.

Tito Polus: Ehh, vale profesor, pero ¿Que tiene esto que ver con la divulgación de la Arqueología o la interpretación del Patrimonio?

Prof. G. Gränderbergen: Más de lo que usted cree, pequeño, más de lo que cree...

(Música de lira)

En el capítulo de hoy no ha habido ningún tipo de publicidad subliminal encubierta, según han criticado algunos medios beligerantes.

Narrador: Ya está PAR, ya puedes dejarme de pegar con el escalímetro en la planta de los pies...

(Cortinilla de cambio de escena. Intersticio musical)

BSO: Batman (1966) "Original TV Soundtrack"
Nelson Riddle

En un mundo del pasado, un hombre del presente, lucha contra una máquina del futuro.

BSO: *Un mundo fantástico* (1985) "Dragones y mazmorras"
Dulces [Amado Jaén]

Lancaster Williams: (Absorto) ¿Desea situar la estación total sobre el punto 0? Sí. ¿Está seguro? Sí. ¿Desea actualizar a una nueva versión? No. ¿Está seguro? ¿Le vendría muy bien? No. ¿Porque no? Que no, ostias. Vamos a actualizar por si acaso luego se olvida. No, no, no. Actualizando BB.DD 1% de 100. Quedan 8 horas. No apague el dispositivo ni le maldiga. Mierda, mierda, mierda.

Salvatore Marina: (Cerrando levemente el ojo izquierdo) ¿Qué tal andas Lancaster?

Lancaster Williams: Fatal, Salvatore rey. La estación está haciendo lo que le da la gana, parece que me putea o algo así la jodía.

Salvatore Marina: (Riéndose) La rebelión de las maquinas a ti... ¿A un Amish? Jajaja

Reía nuestro apuesto lozano mientras abrazaba de forma heterosexual a su joven amigo.

Salvatore Marina: ¿Y tus *Jatuns*[55] como se encuentran?

Lancaster Williams: Están muy locas. Creo que se están sincronizando y todo.

Salvatore Marina: Vaya...

Lancaster Williams: Eso me temo.

Las dos personas que estaban con Lancaster en la cata eran Mery, una simpática madrileña estudiante de doctorado, y una estrambótica geóloga que llamábamos Begolita, que estaba absorta en unos artículos sobre petrología en contextos de yacimientos peninsulares, vamos, un mapa geológico de la zona, lo único que a ella le gustaba decirlo de un modo mucho más académico.

---

55 Voz persa que se traduce como dama o señora de la casa. Nombre por el que denominaban a la Señora Christie Mallowan (1946).

CAPÍTULO 3 171

Mery: (Con una sonrisa en los labios) ¡Salvatore!

Begolita: ¡Hombretón!

BSO: *I´m always here* (1994) "Baywatch" (I´m Always here EP)
Jim Jamison

Ahí venían las dos muchachas. Iban caminando, con un compás lento, embadurnadas en aceite corporal, manchadas de tierras, con sus bikinis a rayas y sus melenas ondeando el viento.

Lancaster Williams: (Sintiendo cosas dentro de él) ¿Ves lo que te quiero decir? Soy hombre de trinchera.

Salvatore Marina: Te entiendo, compañero.

Mery: (Mirándolos lascivamente) ¡Hombre chicos! ¡Qué alegría veros! Y vaya Salvatore, con tu pelo suelto q moldea el viento.

Salvatore había aprovechado para quitarse el moño y desenredarse sus cabellos color platino.

Salvatore Marina: ¡Hola chicas! ¿Qué tal andáis?

Mery: (Acalorada) Ahora mucho mejor, aunque ha subido la temperatura bruscamente...

Begolita: (Asintiendo) ¡Ya te digo! Esto cada vez se parece más a un territorio primario de captación de materias primas.

Mery: (Pensativa) Uhmm, ¿Un cauce de rio? ¿Un bar?

La imagen era propia de los documentales de la 2, unas bestias reptilianas esperan a que pasen unos indefensos ñus.

Begolita: (Mirando a su compañera) Si, pero más húmedo. Ayer sí que estaba más seca que un Martini.

Las dos jóvenes rieron a carcajadas.

Lancaster Williams: (Cuchilleando) ¿Ves lo q te decía? Me están volviendo loco...

> BSO: *Me estoy volviendo loco* (1983) "Digital"
> Azul y Negro

Mery: ¿Tú que eres, Begolita? ¿De playa o de montaña?

Begolita: (Riéndose) ¡Yo de bares! jajajaja

Mery: (indecentemente) ¡Haz algo con nosotras Salvatore!... Que llevamos aquí más de un mes y Lancaster es un caballero.

Salvatore Marina: (Suspirando) Mira que sois chicas.

Musitaba el joven adonis mientras podíamos decir que se sonrojaba y todo.

Mery: Yo soy empírica...

Begolita: ¡Y yo piscis! Pero... ¡No! ¡Calla! ¡Calla! ¡Que estoy sin depilar! Estoy por afeitarme las piernas con una raedera... ¿Tú sabes cómo tengo el toto?

Mery: Pues como el mío... Tó poblado... ¡Poblado protohistórico! Jajajajaja

Begolita: (Siguiendo la estela de su compañera) ¡Jajajaja!.. El mío es más indígena, Jajajajaja... Como sigamos así se me va a ver todo Paris[56]...

Las dos chicas se movían al son inquietante de sus palabras mientras se reían a pierna suelta de los dos varones que habían hecho sonrojar.

---

56 De donde vienen los niños.

CAPÍTULO 3   173

Salvatore Marina: Hoy salimos.

Lancaster Williams: Eso mismo te iba a decir.

En esos momentos, llegó Luca sin aliento.

Luca di Tena: (De forma apresurada) ¡Salvatore! ¡*Andiamo*! ¡*Pressto*! ¡Que tenemos que ir al laboratorio! ¡Hola guapas! Pero que guapas estáis manchadas de tierra...

Mery: (Sonriendo maliciosamente) ¡*Ciao* luca! ¡Ni lo pienses! Todavía no estamos tan desesperadas.

Begolita: (Pensativa) Bueno... Yo me lo estoy planteando...

Lancaster Williams: (Sentenciando) Se bebe mucho y luego *mea culpa*.

Dijo Lancaster insinuando una leve sonrisa en su rostro curtido.

Mery: (Mirando seriamente a su compañera) Nunca muestres debilidad ante un italiano. ¿No te acuerdas? Si te llega a pillar como estabas ayer.

Begolita: (Moviendo la cabeza) Yaaaa... Hoy soy ropa vieja. Pero ayer era una cocida madrileña. Jajajajaja

Salvatore Marina: Ahhh, eras como la cerámica gaditana "*tipo Kuass*[57]", de los tipos Ponsich[58], como la forma 23 de Lamboglia[59], el conocido como plato de pescado, fina y bien cocida.

Las dos mujeres reían a carcajadas cogiéndose en tiernos y nada lésbicos abrazos.

Begolita: Me gustaría que no emplearas términos alfareros para describirme.

Mery: Pues a mí me encanta que se utilice términos técnicos para decir obscenidades.

---

57 (NIVEAU DE VILLEDARY Y MARIÑAS 2003: 38).
58 (PONSICH 1968).
59 (LAMBOGLIA 1952).

Salvatore Marina: Que bonito es ver nacer el fetichismo sin saber lo que es.

Lancaster Williams: Estoy sintiendo alipori, y todo.

Salvatore Marina: (Poéticamente) Ahh, Mon ami. Tegulas e imbrices unidos en una sinrazón de mortero.

Lancaster Williams: (Mirando a su compañero) ¡Luca! Estas como blanco...

Luca di Tena: (Con la cara blanquecina) Ehhh, Si. Me estoy volviendo loco.

(Cortinilla de cambio de escena. Intersticio musical)

BSO: Batman (1966) "Original TV Soundtrack"
Nelson Riddle

CAPÍTULO III.4

 Segmento 1  Segmento 2

(Exteriores. En la excavación. Diferentes personas haciendo cosas dentro de la excavación. Nuestros amigos de camino hacia el laboratorio, que es una caseta de obra aunque acondicionada. El calor sigue apretando. Leve brisa desde el Nordeste)

BSO. Original Miami Vice theme. Jan Hammer (1984)
Miami vice OST

CAPÍTULO 3      175

Nuestros intrépidos amigos iban de camino a las dependencias del laboratorio donde una larga lista de tareas les esperaba. El sol rebotaba contra sus cuerpos musculados. El aire revoloteaba entre sus siluetas, dejando una visión de perfil como si del mismísimo Dios Egipcio Min[60] se tratara. Los jóvenes que los veían a los lejos solo podían imaginar la sensación de ser tocado por sus manos fuertes y desnudas. Más de una habría querido ser estrato, para sentir sus dedos... Más de una habría querido ser muro para sentir su pecho... Más de una habría querido ser cigar para sentir sus labios... Más de una habría querido ser lluvia para resbalar por sus cuerpos. Una visión que haría plantearse su sexualidad a la mismísima Artemisa[61]. Eran tres hombres con un destino común.

Al llegar a la puerta, se encuentran con ella cerrada.

<u>Salvatore Marina</u>: (Incrédulo) ¡Vaya! Es la primera vez que encuentro una caseta de obra con timbre.

BSO: *Huele como a rancio* (2010) "Fondo de armario stars"
Los Gandules

Una simpática muchacha les abrió la puerta. Se trataba de la Restauradora, la cual ya había empezado con la limpieza.

<u>Salvatore Marina</u>: ¡Buenas! Dinos por donde quieres que empecemos.

<u>Restauradora</u>: (Dándole la espalda) ¡Hola! Pues mira, allí tenemos todas las cajas de cerámica de este año y allí al

---

60 «*Forma egipcia del Dios Egipcio Menu, protector de los que viajaban por el desierto y guardián de la fertilidad y de las cosechas. Su representación consistía en la figura de un hombre con un pene erecto y descomunal*» (VIDAL MANZANARES 1993: 126).

61 Diosa helena de la caza, los animales salvajes, el terreno virgen, los nacimientos, la <u>virginidad</u> y las doncellas, y encargada de aliviar las enfermedades de las mujeres.

fondo la de las campañas anteriores[62]. Y justo al final, está la industria lítica del yacimiento de la Cueva Mariasefué y las cerámicas del Castro Pezón.

Decía ella mientras movía los brazos señalando todos los restos que contenían ese pequeño contenedor patrimonial.

Salvatore Marina: Pues sé de buena tinta que no se va a excavar ni la cueva ni el castro, así que podríamos ponerlas en otro sitio.

Decía Salvatore mirando a la fémina.

Restauradora: Eso es lo que hemos pensando nosotras.

BSO: *Slip into something more confortable* (2000) "Big brother"
Kinobe (feat. Ben & Jason)

En ese momento, entre cajas de materiales varios, hizo aparición la antropóloga, una mujer rubia con mechas californianas, alisado japonés, manicura francesa e ingles brasileñas[63]. No muy alta, de mirada penetrante e hipnótica, bandana de color rojo en el pelo, de la cual sobresalía una coleta desecha. Su sola presencia imponía, caderas anchas proporcionadas a su cuerpo, movimientos femeninos que poco tenían que ver con la tarea que tenían que realizar; fibrosa enfundada en una camiseta de tirantes blanca manchada de Blasco Ibáñez[64], de la cual sobresalía una 95 copa c.

---

62 «*En una excavación lo habitual es lavar el material con agua y cepillo en ocasiones, y tras un secado al sol, meterlo en bolsas de polietileno sin separar objetos y/o materiales, y de ahí junto con otros tantos, almacenarlos en cajas de cartón de mayores dimensiones. Esta ha sido la técnica habitual durante mucho tiempo, y el resultado es el lamentable estado actual de muchas piezas*» (FERNANDEZ IBAÑEZ 1990: 43) El futuro de la arqueología -en parte- viene por «*volven*» a excavar en los fondos de los museos.

63 Prueba fehaciente de la globalización la que vivimos (N. del A.).

64 Cañas y barros. (N. del E.)

Srta. Barley: (Con una sonrisa de oreja a oreja) ¡Hola chicos! Ya estáis aquí, así que empecemos, que no tenemos todo el día.

Dijo la bella mujer mirándolos con aire de poderío.

Salvatore Marina: Bien empecemos, llevaremos todas estas cajas al otro almacén y así dejaremos libre toda esta zona. ¿Cuánto espacio necesitas para tus amigos?

Srta. Barley: (Mirándole) Todo el que puedas y más.

Decía la joven sin mirar al adonis.

Salvatore Marina: (Con un sudor frio) Ehh, d´acorde. Lucca, Lancaster vamos a meternos… en faena y empecemos a limpiar esto, que parece los almacenes del MAN.

BSO: *Korobéiniki* (1984) "Tetris theme Type A music."
Hirokazu Tanaka

Lancaster Williams: ¿Las cajas de cerámica romana?

Lucia Ferdel Campo: Allí.

Luca di Tena: ¿La industria lítica de la cueva?

Restauradora: En aquel estante.

Salvatore Marina: ¿Muestras de carpo y columnas de polen?

Srta. Barley: Allí, en esa caja para el especialista.

Lancaster Williams: ¿Estas ánforas?

Restauradora: Esas déjalas ahí mismo.

Luca di Tena: ¿Las muestra de microfauna?

Srta. Barley: En esa otra caja.

Salvatore Marina: ¿La flora intestinal?

Restauradora: Allí al fondo.

Lucia Ferdel Campo: ¿Cerámica a mano con incrustaciones de pasta blanca?

Srta. Barley: Allí

Luca di Tena: ¿Bolsita de piel de Venecia[65]?

Restauradora: En aquella caja.

Salvatore Marina: ¿Una trilogía de 50 sombras de Harris?

Lucia Ferdel Campo: Esta la cojo yo, que es mía.

Dijo Lucy, ante la cara de estupefacción de los jóvenes y la mirada cómplice de las féminas.

Salvatore Marina: ¿Informes varios y documentación?

Lucia Ferdel Campo: Déjalos encima de la mesa que tenemos que hacer el informe para la administración.

Salvatore Marina: (Asustado) ¿Qué informer?

> BSO: *Informer* (1992) "12 inches of Snow"
> Snow

Lucia Ferdel Campo: (Sonriendo) El informe Salvatore, el dichoso informe.

Salvatore Marina: Ahhh, la ostia puta, ¡Pero si lo acabamos de hacer!

---

65 «Otras obligan a quienes las follan a usar una pequeña bolsa de piel de Venecia, llamada vulgarmente condón, donde se vierte la simiente sin riesgos de que llegue a su meta. Pero de todos los medios, el del trasero es sin duda el mejor. Dolmancé: os cedo el sitio para oír vuestra disertación» (SOLIS KRAUSE 2007: 81; SADE 1795: 79). Los arqueólogos, desde tiempo inmemorables dando por el ... (N. censurada por el E.).

Decía Salvatore mientras Lucy sonreía como una grandísima hija de… Así a buen paso y echándose unas risas entre medias, el habitáculo de almacenaje con variopintos restos de la excavación y de otros yacimientos, estaba limpio de otras cosas que no fuera lo que utilizarían en esa campaña.

Restauradora: (Sonriendo) Bien chicos, muchas gracias por el esfuerzo y ayuda. Así va a dar gusto estar horas aquí metida consolidando todo lo que traigáis.

Decía la restauradora mientras se quitaba el sudor de su arco cigozomatico. Mientras tanto los chicos, despojándose de sus camisetas y dejando a la intemperie sus cuerpos, se echaban unos cigars con la satisfacción del trabajo bien hecho.

Luca di Tena: De nada, hombre. Un placer poder excavar los fondos de armario. A veces no sabemos lo que tenemos delante de nuestros ojos.

Dijo Luca mirando a su amigo que realizaba una mueca con sus labios de los cuales se tambaleaba un cigar a medio finiquitar, mientras sus dos portentosas musculaturas superiores se juntaban sobre su testa para forjarse de nuevo el moño que apretaba su cabello, realizando una imagen que habría reverenciado el mismísimo RA, si el sol se hubiere puesto detrás esbozándose en el círculo que formaban esas palancas motrices. En esos momentos llego el profesor entrando como un elefante en una cacharrería.

(Sonido de elefante republicano)

Prof. G. Gränderbergen: ¡Vaya! ¡Por Helena de Constantinopla[66]! No se quejara. Le han dejado su habitáculo como una patena del s. XVII.

---

66 Patrona de l@s Arqueolog@s.

Restauradora: ¡Pues claro que no me voy a quejar! Esto es la perfección hecha espacio. En otros yacimientos donde he estado, en el laboratorio se amontonaban todos los cacharros habidos y por haber, los dejábamos en una esquina, y cuando los queríamos dibujar, algunos estaban siendo utilizados como ceniceros[67].

Decía la joven belleza sonando sus palabras agradecidas y satisfechas.

BSO: *When good dogs do bad things* (2002) "Irony is a dead scene"
The Dillinger scape plan

Prof. G. Gränderbergen: Bueno, no sabemos muy bien sus gustos señorita, pero si no los enumera, seguro que encontraremos la forma de que este en armonía en cuerpo y mente.

Preguntabale el profesor, intentando averiguar algo más de su nueva pupila.

Restauradora: Bueno, Soy una dama muy normal y con unos gustos muy normales... Me gusta la música sobretodo el rock y el metal, stoner, sludge, hardcore... Me gustan los animales, sobre todo el tostón, los lechones, el cabrito en horno de piedra o de leña... Ya ves unos gustos muy normales, incluso alguna vez me gusta comer con las manos, coger un pollo y abrirlo por la mitad, hasta chuparme los dedos jajajaja... y no necesito divertirme para beber, una cervecita bien fría... Me gusta beber mientras cocino o me ducho... Y si me pregunta por otro tipo de gustos, profesor...

---

67 Un pequeño homenaje a Agatha: «Entro en la sala Antika y me llevo algunos cacharros que pueden servirme. Mac, que quiere dibujarlos, los busca sin éxito. Están llenos de flores» (CHRISTIE MALLOWAN 1946: 139).

CAPÍTULO 3   181

Recitaba la joven dama haciendo hincapié a la pregunta indirecta que le había formulado el docto hombre de letras.

Restauradora: ...Digamos que experimente y coqueteé como todo el mundo en mis años de universidad, y de vez en cuando me gusta sentir a mi lado el cuerpo de una mujer, ya sea sola o acompañada...

Prof. G. Gränderbergen: ¿Pero estas llorando Salvatore?

Salvatore Marina: (Sollozando) No, no... Creo que se me ha metido algo en el ojo, la puta lentilla, ya sabes...

Restauradora: (Interesándose) Vaya... Deja que te sople en el ojo... Algo de... polvo... se habrá metido...

Las manos desnudas de la moza sorprendieron la cara...

Restauradora: Parece que es una pequeña mota de polvo... Espera, creo q ya está.

...a la par que una lagrima resbalaba por su tez...

Restauradora: Creo que ya está, ahora se ve perfectos esos ojos...

Mientras hablaba, su dedo índice atrapaba la lagrima que descendía por la cara del hombre de arenisca, y mirándole a los ojos, díjole.

Restauradora: (Haciendo un gesto propio de la mismísima Mesalina[68]) No se puede desperdiciar nada...

Y acto seguido se llevó el dedo a su boca.

---

68 Valeria Mesalina fue la tercera esposa del emperador Claudio. Fue célebre por su belleza y las constantes infidelidades a su esposo, el emperador, con miembros de la nobleza romana, soldados - *quaestores, tribunos, centuriones, decuriones, gregarios, prefectos, velites, hastatis, príncipes, triarii,...* y tropa aliada- actores, gladiadores *–retirarius, mirmillones, tracios, samnitas,..-* aurigas, así como patricios y plebeyos varios, y no se descarta algún liberto, y sin olvidar a los esclavos, claro está.

Nuestro joven muchacho no pudo por menos de mirarla profundamente y desearla. Él hubiera querido atreverse a besarla. Ella hubiera dejado que él se atreviera. Las palabras se clavaban como jalones en la tierra. El corazón de los jóvenes palpitaba de forma palpitante, tun ta tun tun...

BSO: Amante bandido (1984) "Bandido"
Miguel Bosé

(corte de escena)

Los muchachos limpiaban los trozos cerámicos utilizando unos pequeños cepillos que agarraban gracias al pulgar oponible, de forma prensil, realizando pequeños movimientos a sincopados y repetitivos sin cesar.

<u>Mery</u>: *Veni, Vidi, Vici.*

<u>Noia</u>: *Reddite ergo quae sunt caesaris, caesari.*

<u>Hernán Delfino</u>: *Alea iacta est.*

<u>Mozinha</u>: *Ignavi coram morte quidem animan trahunt,*

<u>Nigel Belzoni</u>: *Meos tam suspicion quam crimine iudico career oportere.*

<u>Fermín Bakerline</u>: *audaces autem illam non saltem advertum.*

<u>Francisco Drebin</u>: *Ab imo pectore.*

<u>Salvatore Marina</u>: *Teneo te, África.*

BSO: África (1982) "Toto IV"
Toto

Esos movimientos eran acompañados de pequeñas risas y cuchilleos que amenizaban el panorama. Humedecían su cepillo y volvían a repetir la fricción entre las cerdas y la superficie rubrefactada. Ras... Ras... Ras...

Prof. G. Gränderbergen: Venga chicos. Dar Ceram[69], pulir Ceram.

Proclamaba Gordon mientras la cerámica se lavaba; las piezas metálicas se metían en bolsas individuales con un poco del sedimento circundante para que los especialistas lo pudieran tratar; los huesos se limpiaban en seco por pequeñas manos púberes. A algunos otros, les tocaba trillar o exclusivamente mirar lo que contenían las bolsas de materiales, dividiendo por materias primas. Muchas veces venían grandes bolsas con multitud de materiales, sin saber lo que incluyen, así que esos jóvenes ávidos de conocimiento, desparraman su contenido sobre unos papeles pertenecientes al cuarto poder y empezaban a observarlos. Pero siempre existían complicaciones.

BSO. *Sexual healing* (1982) "Midnight love"
Marvin Gaye

Ante la posibilidad de discernir a simple vista si se trataba o no de un trozo cerámico, algunas lozanas limpiaban la superficie con la parte baja de la camiseta dejando ver por unos instantes el ombligo, esa matriz fundacional. A continuación, si seguían sin saberlo, esas muchachas indecisas, se humedecían sus labios repetidas veces y colocabanse ese fragmento en el labio inferior. Si el fragmento se quedaba pegado, el fragmento era óseo... En caso contrario, se correspondía con cerámica o lítica. Este gesto se repetía innumerables veces en una tarde, llegando a constituirse en una distracción perturbadora. En

---
69 C.W. CERAM (1915-1972). Pseudonimo de Kurt W. Marek, periodista y crítico literario, y autor de Dioses, sabios y tumbas (1949), uno de los primeros libros de divulgación arqueológica.

ese momento llego la Dra. Amanda Arvardan[70], la directora del museo, fiel defensora de la Hidalga Arqueología[71].

BSO. *Maneater* (1982) "H2O"
Daryl Hall & John Oates

Dra. A. Arvardan: Recordad que quiero todos los datos pasados al programa Lupanar.

Prof. G. Gränderbergen: ¿Programa *Lupanar*? ¿Hemos dejado de utilizar *Domus*[72]?

Preguntó Gordon con textura ambigua.

Dra. A. Arvardan: (Muy institucionalizada) No, seguimos utilizándolo, pero este es como más familiar y sencillo, y no tiene tantas complicaciones morales, no te pregunta que has estado haciendo los últimos días sin meter datos, y esas cosas. Parece ser que una gran parte de la comunidad se sentía más conforme con este otro sistema.

---

70 Descendiente o ascendiente de Bel Arvardan, firme defensor de la Teoría de la Irradiación sobre el origen de la Humanidad (CUERVO 1993: 46).

71 Forma de entender al público y sociedad que retrató el colectivo A.(R)E.A. < http://arqueoart.blogspot.com.es/2015/01/reflexiones-de-jack-la-piedra-las.html> Ya lo dijo nuestra institutriz: «*La visión de una torre de marfil académica, ajena a la realidad, que permanece impasible ante los cambios que se suceden en el suelo donde se asienta*» (COMENDADOR 2014: 8-11); O compañeros a los que envidiamos: «*No se trataría entonces de diluir la figura del arqueólogo y de su conocimiento especializado, sino de bajarle de su torre de marfil, de transmutarle de erudito a mediador y de defender una pedagogía dialógica en donde los argumentos se fundamenten en pretensiones de validez y no de poder*» (MARIN 2013: 434); O como lo describió uno de nuestros gurús «*...en el caso Español el juego de lenguaje practicado por los profesionales (...) se mueven mayoritariamente entre coordenadas endógenas, con la pretensión más o menos explícita de adquirir o conservar reconocimiento y poder dentro de la propia disciplina en primera instancia y, a través de ella, en el resto del cuerpo social*» (RODRIGUEZ TEMIÑO 2013: 207-208).

72 Sistema Integrado de Documentación y Gestión museográfica, desarrollada por el Ministerio de Educación, Cultura y Deporte y utilizado en más de 170 museos.

Prof. G. Gränderbergen: Como Bosch Gimpera[73]. Dígale estas particularidades a Lucy que es ella la que se encarga de estas cosas y seguro que nos mandara una circular a todos para contarnos estas cosas, otra cosa es que la hagamos caso.

Cuando miramos la explanada, observamos la figura radiante de una administrativa de la conserjería de Patrimonio y Cultura. Aunque tenía la misma titulación y curricula que muchos de los que estaban allí paleando, su aire de superioridad era respirable en todo su esplendor de corte elegante, porte marcial y recio, cuerpo exuberante, ropa planchada, toda en ella la hacía no pasar desapercibida en ninguno de los lugares por los que se prodigaba y en el ambiente donde se movía, todos esos detalle se entendían de sobremanera.

Dra. A. Arvardan: Profesor...

Díjole ella con aire de superioridad, clavándole en los ojos su mirada fría y hierática.

Prof. G. Gränderbergen: Dígame señorita...

Expúsole con aire sobrio y honesto.

Dra. A. Arvardan: Doctora... Profesor... Espero que alguno de estos días nos enseñe algo que merezca la pena[74]. Se lo digo como recomendación.

---

73 Pere BOSCH i GIMPERA (1891-1974). Arqueólogo y prehistoriador. Una de las figuras más representativas de la arqueología catalana. Aparte de ser especialista en la civilización crético-micénica, preparaba unas micheladas de poca madre.

74 «La clásica foto en una inauguración representa una filosofía de acción que ha marcado el devenir de la arqueología actual (...) Porque lo que interesa no es avanzar en el conocimiento sino aparecer en los medios» (ALMANSA 2013: 476-477). «...supuestos sabios profesores de nuestras universidades, continúan ejerciendo desde el positivismo más burdo una arqueología que no es consciente de que su supuesta veneración por los cacharos del pasado puede llegar a ser, de un lado y por sí misma, una forma de expolio, y sobre todo que, desde el actualismo no reconocido de su posición ante esos cacharos, mantienen y fomentan las posiciones del resto de coleccionistas de cosas antiguas» (MOLINOS MOLINOS et al. 1996: 13).

Apuntóle ella haciendo un gesto como de hastío. Esas palabras hicieron que en la siempre sonriente y adorable semblante del profesor, se esbozara una pequeña marca de ira y odio.

Prof. G. Gränderbergen: (Remarcando las palabras) Bueno, señorita, respire hondamente y relaje, veo que sigue con su filosofía resultadista y no le importa nada el camino. Veo que sus consejos son como los que daba el Reverendo Norman Vincent Peale[75] antes las misivas que le llegaban. Son peores los remedios que la enfermedad.

Dra. A. Arvardan: (Quasi enfadada) No empiece con sus cosas, profesor[76].

Dijole ella mientras se quitaba las gafas de sol y seguía hablándole sin mirarle, en una pose muy de Horatio Cane.

Dra. A. Arvardan: (Incisiva) Nuestra intención es realizar una gran exposición donde se vean sus resultados, pero me será imposible si lo único que tenemos es esto[77].

Decía mientras señalaba las cajas de materiales cerámicos y restos óseos que estaban en la cercanía.

Prof. G. Gränderbergen: (Moviendo la cabeza) Ya entiendo, sigue necesitando la pieza, esa pieza única, o... ¡Qué

---

[75] «Querido Dr. Pelae: Mi marido es sodomita y sé que debería rezar por él, como usted me aconsejo, pero cada vez que me arrodillo, oh, doctor. Ojala tenga usted una vida tan larga como la ayuda que me ha proporcionado su consejo» (MARX 1983: 260).

[76] Curioso es, que aquellas frases que le dedicaban —o dedicaran— a su familiar, bailen por su mente con tanta facilidad. «...no creo que este arqueólogo pueda hacer nada tan terrible. Confieso que habla como un chiflado, pero, ¿Qué daño puede hacer?» (ASIMOV 1950: 61).

[77] «Los arqueólogos y arqueólogas estamos acostumbrados a padecer lo que alguien denomino el síndrome de Matusalén (Escacena, 2000: 28-29). (...) ...la antigüedad confiere prestigio, denota autenticidad (...) Esta obsesión es compartida también por el gremio de los periodistas siempre abiertos a recoger información cuantitativa en sus titulares» (AYÁN 2015: 35).

diablos! ¡Que encontremos una Pompeya Hispana..! Ese vestigio grandilocuente que usted pueda arropar bajo flases... Damos voz a los que no la tuvieron... Esto es la cotidianidad del pasado. ¡Lo nuestro son los pequeños gestos, no las grandes gestas![78]

Mientras las dos figuras hablaban sobre sus temas, en las cercanías se encontraban parte de nuestros protagonistas.

Luca di Tena: (Extasiado) Coño, Lady Arvardan, pero que pedazo de mujer, joderr. Es una autentica MILF.

Salvatore Marina: Ostia, Luca... Córtate un poco, no.

Recriminole Salvatore por el comentario soez.

Luca di Tena: (Bajando la mirada) Disculpa, es que llevo tanto tiempo sin adobar que me puede el subconsciente.

Salvatore Marina: No se reprima, *caro* amigo, pero calme su fuego interno.

Luca di Tena: (Aguzando su viperina mirada) Estas muy poético tú, ¿No?

Díjole el italiano mientras golpeaba con fricción la espalda tonificada del efebo muchacho.

Macarena Easo: (Entrando de soslayo en la conversación) Siempre que viene esa mujer, el profesor se altera. La única vez que le vi tranquilo es aquella vez en el bar.

Salvatore Marina: Tienes razón. De tanto llevarse la contraria y discutir...

Luca di Tena: ...Se van a acabar adobando.

Termino la frase el italiano quitándole de los labios las palabras que, aunque no de esa manera, pero si con un

---
78 Fernando Muñoz Villarejo Dixit.

significado similar, iba a decir nuestro ídolo. En la lejanía se escuchaba a los dos seniors hablando, los cuales dibujaban dos realidades diferentes de un mismo problema.

> BSO: ¿Qué hace una chica como tú en un sitio como éste? (1979) "El fin de la década"
> Burning

Terminado el dialogo, el profesor acompañaba a la doctora hasta donde se encontraban nuestro grupo de amigos...

Dra. A. Arvardan: ¡Hola, Chicos!

...y alumnos pasando con las carretillas llenas de esos "insulsos restos" que ella comentaba.

Dra. A. Arvardan: ¡Hola Fermín! ¡No sabía que estabas por aquí! Dale recuerdos a tu padre, aunque le llamare en breve.

Fermín Bakerline: Así lo hare Amanda. Un saludo.

Dra. A. Arvardan: Bueno, profesor, espero que me tenga informada de lo que vayan sacando. Tenga mi número personal, por si no me pilla en el museo y...

Decía ella de forma lasciva y lacónica, haciendo que los muchachos allí congregados se miraran entre ellos ojiplaticos.

Prof. G. Gränderbergen: (Cortante) Gracias, Madame... Lo tendré en cuenta por si alguna extraña razón tuviera entre manos algo que le interesara.

Díjole mirándola directamente a los ojos con una mirada seca y acercándole su recia... mano para despedirse de ella.

Dra. A. Arvardan: (Desconcertada) De, de acuerdo Profesor...

CAPÍTULO 3

Decíale ella de forma más cohibida que de costumbre a la que nos tenía acostumbrado, valga la redundancia, como dándose cuenta que ni con todas sus estratagemas conseguiría que el profesor claudicara en alguno de sus principios.

Mientras se alejaba, caminando hacia su coche de sodio, el profesor se quedó con los muchachos, agarrando la clavícula marmolea de Salvatore y pidiéndole un cigar...

Prof. G. Gränderbergen: (Mas desconcertado) ¡La madre que me pario! Me saca de mis casillas esta mujer con sus quejas y sus caderas.

Decía el profesor mientras fumaba de forma compulsiva al son que golpeaba el infraespinoso y el redondo mayor de la figura stendhaldiana.

Macarena Easo: Bueno profesor, no se altere... Pero para mí que quiere conocerlo todo sobre usted... ¿Le conoce...?

Prof. G. Gränderbergen: Solo por bibliografía.

Adelantándose el profesor a decir

Luca di Tena: Pues creemos profesor que le ha tirado un par de *tégulas*, algún *ímbrice*, dos o tres antefijas...

Decíale el trasalpino de un modo ameno para intentar rebajar la tensión del ambiente.

Salvatore Marina: Es cierto profesor. Deberían quedar en un lugar neutral y hablar de algo banal, y a lo mejor se...

Macarena Easo: (Poniendo un poco de elegancia) Y a lo mejor se da cuenta de algo cítrico...que puede ser su media naranja,...

Luca di Tena: (Muy Luca) O un gajo. Con un gajo vale.

Dijo el italiano mientras la bella cordobesa clavábale su miraba afilada.

Prof. G. Gränderbergen: Jajaja, son ustedes mu grandes en todos los sentidos, jajaja, pero eso pasara, señorita...

Cogiendo el esplenio de la bella Easo,

Prof. G. Gränderbergen: ...Ad kalendas Las Grecas.

BSO. *Te estoy amando locamente* (1974) "Gipsy Rock"
Las Grecas

(Cortinilla de cambio de escena. Intersticio musical)

BSO: *Batman* (1966) "Original TV Soundtrack"
Nelson Riddle

CAPÍTULO III.5

 Segmento 1  Segmento 2

(Exteriores. En la puerta de la excavación. La gente sale de la excavación de forma perezosa aunque activos. Todo el mundo va camino al bar más cercano. Empieza a atardecer. El calor ya no es tan sofocante aunque para ser tan tarde todavía aprieta. Pájaros cantando en las llanuras.)

BSO: *Yakety sax* (The Benny Hill theme) (1963) "The Benny Hill Show"
Boots Randolph & James Q. "Spider" Rich

Después de un largo día de trabajo, era hora de recoger. Con los cuerpos cubiertos de sudor y arena, algunos *lapos specularis*[79] acababan en la tierra lanzados por imberbes muchachos que respiraban con dificultad. Las mismas procesiones de mediodía se repetían por la tarde, pero con otro aire. Bolsas con fragmentos cerámicos, huesos y restos metálicos se amontonaban a la puerta del almacén para su posterior limpieza, siglado y aquellas tareas de conservación preventiva. Todo terminaba igual al caer el sol, para empezar de la misma manera al día siguiente cuando el astro rey saliera. En ese momento, recogido todo, y habiendo aprovechado el día, una uniforme peregrinación con paso firme se dirigía hacia el bar cercano. Para algunos el cansancio les hacía mella, a otros parecía que el simple hecho de terminar les subía,...el ánimo. La tez cansada de los infantes iba cambiando al aproximarse al establecimiento, al igual que el encuentro entre ellos hacían que las conversaciones se tornaran más vivas y alegres. La jornada llegaba a su fin, pero no su pasión, ya que incluso sentados en una terraza o en una barra, eran capaces de seguir hablando del mismo tema. Algunos cogerían sus coches y se irían a sus casas; otros se montarían en una furgoneta que les dejaría en la ciudad. Otros se quedaban en el pueblo cercano donde se tenía una casa alquilada que hacia la labor de fonda, almacén, sala de reuniones, gimnasio, parkitren o bar. Pero antes de que la manada partiera, el profesor había puesto la norma de que todo el mundo fuera por el bar para socializarnos, tanto entre nosotros como con la gente del pueblo. En palabras del profesor:

Prof. G. Gränderbergen: *"Nosotros vamos y venimos durante unos meses, pero ellos son los que se quedan y deben*

---

[79] «Aunque tendríamos que decir que los verdaderos lapos specularis son aquellos que se producen cuando estornudas mientras conduces y giras la cabeza hacia la izquierda y te das cuenta de que la ventanilla no esta bajada». Pablo Guerra hilando muy fino sobre los *lapis specularis* y su tipología.

convivir a diario con este patrimonio. Labor nuestra es hacer que ellos se involucren en su conservación, mantenimiento y divulgación[80]".

BSO: *Yo soy el que espía los juegos de los niños* (1982)
Los Ilegales

Ante estas sobrias e impávidas palabras que siempre decía el primer día de excavación, todos los chavales movían la cabeza afirmativamente. La seriedad con las que las exponía el profesor, chocaba frontalmente con su deseo inicial, que no era ni más ni menos, que tomarse unas cervezas después de un largo día de trabajo[81]. Los chicos se sentaban en la terraza cercana al yacimiento, y disfrutaban de una cervecita bien fresquita. Este instante se convertiría en recuerdos. El tiempo pasaba, pero esos momentos perdurarían. Esos situaciones eran propicias para el intercambio de información, unos contaban el trabajo que habían estado realizando; otros lo que les había aparecido; otros se distraían con temas banales; otros aprovechaban para conversar con esas personas que no habían visto en horas. Las chicas se acercaban a los chicos, y estos se

---

[80] «*Los arqueólogos tienen el deber, tanto hacia sus colegas como hacia el público en general, de explicar que hacen y porqué. Esto significa, sobre todo, la publicación y difusión de sus descubrimientos, de forma que otros investigadores dispongan de los resultados y el público, que por lo general ha pagado el trabajo, aunque indirectamente, puedan disfrutarlos y comprenderlos (...) el propósito fundamental de la arqueología debe ser el de proporcionar a la gente en general una mejor comprensión del pasado humano. Por lo tanto, se requiere una hábil popularización (...) pero no todos los arqueólogos están preparados para dedicar a esto tiempo y pocos son capaces de hacerlo*» (RENFREW & BAHN 1993:504-507). Cuantas obras encontramos en la actualidad en nuestras ciudades tapadas con una malla verde, sin saber que se esconde tras ella... Cuantos arqueólogos no son capaces de pasarnos una tabla Excel o unas fotografías...Cuantos arqueólogos de gestión se han apuntado a la didáctica y/o divulgación... !Que cabrónes, Renfrew & Bahn! Como se olían el pastel...

[81] «*Sin embargo Neill tenía muy claro que su vida era insufrible sin dos elementos básicos: la arqueología y la cerveza. Podía vivir sin cualquier otro elemento*» (GUERRA GARCIA 2012: 198).

adosaban a las doncellas, esas criaturas que estaban más bonitas cuando están manchadas de tierra. Mientras tanto, el profesor miraba a los muchachos que estaban amolinados junto a los vehículos y que se iban dirigiendo hacia el bar cercano.

Neska: (Inocentemente) Perdonar, ¿Dónde puedo hacer una buena foto que se vea todo el yacimiento?

Lancaster Williams: Pues mira, sigue la carretera, y en cuanto pases el cruce, dejando a la derecha el bar, *entonces puede perseguir su ruta con rapidez, ya que las espinas han sido recogidas y todo lo que resta no es sino un camino de rosas*[82]...

Neska: Ehh... Gracias por las indicaciones.

Lancaster Williams: De nada.

Salvatore Marina: Ehh, no deberías parafrasear al Marqués de Sade para indicar una dirección.

Lancaster Williams: Ehh, si, es posible, pero me ha entendido.

Comentaban en tono bajo nuestros aguerridos infantes mientras se acercaba Gordon a su lado.

Prof. G. Gränderbergen: Chicos. Si os da tiempo, esta tarde dejad hecho los recados y las compras para la cena del viernes.

Luca di Tena: (Con una sonrisa de oreja a oreja) ¡Guau!, nos vamos de compras. ¿Podemos ir al Leroy?

> BSO: *Oh, pretty woman* (1990) "Pretty Woman"
> Roy Orbison

---

82 (SADE 1795: 80).

Prof. G. Gränderbergen: (Enérgicamente) No. La última vez que fuisteis, estuviste media tarde, y comprasteis una hormigonera ¿Para qué queremos una hormigonera? ¿Para que la hemos utilizado?

Salvatore Marina: Para hacer sangría.

Luca di Tena: (Como si hubiera sido insultado) Perdona, para hacer la mejor sangría que hayas probado.

Prof. G. Gränderbergen: (Asintiendo) Eso también es verdad, pero hoy tenemos prisa. Ya iréis otro día.

Luca di Tena: (Desilusionado) Jooo.

Prof. G. Gränderbergen: Venga, Pida una ronda, que esta corre de mi cuenta.

BSO: *I´m into something good* (1988) "The Naked Gun: From the Files of Police Squad!
Peter Noone

Decía el profesor mientras una pequeña sonrisa se esbozaba en su cara ante la alegría del transalpino. Las cervezas corrían de mano en mano igual de rápido que las preguntas de los más jóvenes a los mayores, en su búsqueda de las explicaciones del trabajo que habían estado realizando o la complejidad del mismo.

Estudiante #1: Profesor, ¿Cree que comprendemos con los restos que encontramos a las poblaciones que vivieron en este sitio y en esa época?

Prof. G. Gränderbergen: Mire, si empezáramos a mirar lo que se escribe en los muros de las diferentes ciudades, ¿Usted cree que podríamos sacar teorías al igual que hacemos con el arte paleolítico[83]?

---

83 A pesar del tiempo, sigue existiendo los mismos debates. «*Parece que en Europa hay dos tipos de arqueólogos claramente diferenciados: los especialistas y técni-*

CAPÍTULO 3  195

Estudiante #1: No se profesor... Supongo que habría que tener en cuenta un montón de factores y...

Prof. G. Gränderbergen: Así es. Tendríamos en cuenta cosas sociales, políticas, arte por el arte o la teoría de la Magia amiga de la Guapa[84]. Incluso veríamos cada población; primeramente por separado, microespacialmente y luego macro, y luego las relaciones entre cada una.

Explicaba el profesor mientras movía la cabeza para poder mirar a todos los chavales.

Estudiante #1: Si, es verdad,

Prof. G. Gränderbergen: Por tanto, las generalidades en nuestra profesión, al igual que en otras muchas, no son muy adecuadas.

Estudiante #1: Le entiendo profesor, no quiero decir generalidades, es solamente que...

Prof. G. Gränderbergen: No se intente excusar, no es culpa suya, sino del sistema educativo[85] que le enseña basándose en un supuesto eurocentrismo basados en

---

cos que representan la "ciencia en la arqueología" y los "filósofos sociales" (...) el contraste se hace patente entre el "duro arqueólogo de campo", que discute sobre la fuerza del licor en diversos bares mexicanos o de Dakota del Sur, y el llamado "arqueólogo de gabinete" que está más interesado en "todo lo que significa", sin tener en cuenta si existen o no métodos fiables para dar respuesta a la cuestión» (BINFORD 1983: 18).

84 A.K.A. Magia simpática o empática, la cual es un conjunto de prácticas basadas en creencias metafísicas relacionadas con la similitud o el contacto y/o influencia mutua entre diferentes partes. El Abate Breuil propuso una explicación para el arte parietal prehistórico destinada a la caza y captura de diferentes animales. (BREUIL: 1952).

85 «Podríamos comenzar denunciando la falta de formación arqueológica en los estudios primarios, en los secundarios y, posteriormente, en el bachillerato» (MARIN AGUILERA 2011: 145). Utilizamos esta frase a modo de prologo para dar comienzo a otro debate sobre el futuro de la arqueología es España como ya se hizo en la obra de ALMANSA SANCHEZ, la cual encarecemos su lectura, síntesis y crítica constructiva.

teorías antropofalocentrista... La teoría antes conocida como *Ex oriente Lux*, o la teoría de la trasmutación de las almas de Montero, es decir, diferentes pueblos, gracias a diferencias culturales, nuevas herramientas y/o elementos de producción, a base de pollazos, van introduciendo estas nuevas formas y visiones. Ora agricultura, ora metalurgia, ora revolución de los productos secundarios,...

Estudiante #1: Ya, puede ser...

Luca di Tena: (Sentenciando) Bueno profesor, algo de culpa tiene el sistema pero labor suya y nuestra es consultar las fuentes y ver todos los puntos de vista posibles para hacerse una idea propia,.. Y no seguir atribuyendo conceptos preconcebidos por algún historiador taciturno.

Prof. G. Gränderbergen: Lo sé, *bon ami*. Es nuestra labor, y no lo digo como maestro, sino como persona con más edad y experiencia encauzarlos, para que ellos sean los que elijan su camino.

Las conversaciones iban y venían como el viento.

C. Schödinger: Profesor, ¿Puede venir de visita una persona ajena a la excavación?

Prof. G. Gränderbergen: Si Claro. Dígale a Lucy de quien se trata y no creo que hay problema.

C. Schödinger: De acuerdo. Es una amiga mía que es especialista pirolítica[86] que...

Prof. G. Gränderbergen: Ahhh... Otra amante del SLA...

---

[86] «...muchos arqueólogos jóvenes, influidos por algunos éxitos de los años sesenta, creyeron que debían definir un tipo de arqueología todavía nueva: arqueología del comportamiento, arqueología social, astroarqueología, etc. Mucho tiempo y energía se han gastado en los últimos años argumentando acerca de estos nuevos campos» (BINFORD 1983: 115-116). El nuevo arqueólogo más viejo de la ciudad haciendo amigos.

Le cortó el profesor en seco.

Salvatore Marina: No profesor, creo que se confunde con el término.

Prof. G. Gränderbergen: No, no y no. Y ahora me dirá con esa voz sensual, varonil y excitante que tiene usted, que ese sistema tiene su aquel, que es una sistematización basada en la funcionalidad antes que en la estética y/o morfología y es más cualitativa, pero es que me cago en la puta, una lasca es una lasca… ¡Putas bases negativas y positivas! ¡Bordes manda!

Salvatore Marina: Déjelo profesor… Se lo iba a explicar pero ya se enterara…

Prof. G. Gränderbergen: Eso… ¡Ya me enterare! Aunque sea por bibliografía… Ya sabe usted que si quiere estar *on fire* en el estudio del paleolítico en Extremadura, debes de haber tenido o estar en una agria polémica con Cerrillo[87].

Fermín Bakerline: Vaya profesor, haciendo amigos…

Prof. G. Gränderbergen: Bueno… Yo no digo que tenga ningún prepucio con ciertas teorías, gente que lo procesa o demás…

Luca di Tena: Será prejuicio…

Prof. G. Gränderbergen: ¡Por mis cojones que no, caro amigo!

Decía el profesor enérgicamente mientras cogía una cerveza y le daba un largo trago.

Neska: No sé por qué profesor, tiene tanta manía a ciertas teorías o formas de trabajo.

---

87 Con Enrique Cerrillo Cuenca, no con Enrique Cerrillo Martin de Cáceres (N. del A.).

Prof. G. Gränderbergen: No me malinterprete, señorita.

Decía el profesor en tono más sereno y rebajando su manera de hablar, haciéndola más suave y calmada.

Prof. G. Gränderbergen: (Intentándose excusar) No son manías ni nada por el estilo. Son formas de trabajo muy adecuadas y muy buenas, pero lo que me toca los cojones son las formas de hacerlo, de proclamarlo, de utilizarlo, y como conozco como empezó todo, y no necesito medírmela con nadie...

El tono de las palabras iba en ascenso.

Prof. G. Gränderbergen: (En tono conciliador)...y como puedo decir cosas que otros no quieren o pueden decir, como comprenderá con mi edad, las opiniones, las críticas o las ideas son como las erecciones... Cuando se tienen, hay que aprovecharlas.

Reía el profesor a pierna suelta mientras le daba unos golpecitos amigables en la espalda a uno de los muchachos que le miraba con una cara de asombro sin igual.

Prof. G. Gränderbergen: Nadie se da cuenta que Miró no deja de ser Mondrian, pero con un mal día, o puesto de ácido, o con parkinson... Es más, se lo voy a explicar de otro modo...

Decíale el profesor mientras se encendía un cigar...

Prof. G. Gränderbergen: La adaptación del tiempo no deja de ser complicada, siempre en cuanto, no que utilicemos términos, si no, que no preguntemos a los restos. Es decir, si ante un resto epigráfico o numismático, de la misma manera que no utilizaríamos en ellos C14, AMS o TH sin haber mirado antes si existe una DMS o un SC, o nunca encargaríamos a un MEA un EIA, o que un TASOC utilizaría un TIC o NTIC en un BIC, pudiéndose convertir en un TOC, o como hacer un RCP a un 00... ¡Es como pensar que un TFM equivale a un DEA! ¿Me has entendido⁸⁸?

(Sonidos de grillos)

<u>Becario Leones</u>: Bueno profesor, no sé si le he entendido del todo.

Exclamó el joven leonés desde el fondo del bar.

<u>Hernán Delfino</u>: Igual que nadie se explica cómo los romanos no pensaron en tajamares en popa.

<u>Prof. G. Gränderbergen</u>: Uhmm, ustedes no son simples *vélites*⁸⁹...

BSO: *Out of time man* (1991) "King of Bongo" Mano Negra

Los Vélites eran una infantería romana al frente de la legión en tiempos de la república, formada por hombres jóvenes y pobres, que eran los encargados de abrir el combate mediante el hostigamiento desde la distancia, empleando jabalinas ligeras –llamadas *veruta*. Una vez se acercara el enemigo, estos retrocedían a retaguardia. Según fuentes no contrastadas, también hostigaban mediante el insulto, la rima y la sodomía. Parece ser que durante la mal llamada conquista romana de Hispania, tuvieron su momento más importante con canticos como *"Turdetanos, os daremos por el ano, al igual que a los Oretanos, Carpetanos o Lusitanos"* -el orden de los pueblos podía variar según la zona; *"Celtas e Iberos, os vamos a poner mirando a Segobriga o a Valeria"*; *"Indigetes e Ilergetes, os vamos a meter el pilum por el*

---

88 Glosolalia académica que intenta homenajear a *Good morning, Vietnam* (Barry Levinson, 1987).

89 (Le BOHEC 2014: 12).

ojete" o como el clásico "*Vacceos y Vettones nos tocan los cojones*[90]".

Prof. G. Gränderbergen: A ver cómo le explico este tema, muchacho...

> BSO: *Up on the hill* (Schmoove. Hidden Track) (1999)
> "Mimosa"
> Fun lovin Criminals

Prof. G. Gränderbergen: "Con una succión aplicada a la cara trasera, lo razonable sería que (...) esa cara de aguas abajo fueran los que saltaran pero, al no haber ocurrido así, quiera decir que esa succión no fue suficiente para superar al conjunto peso-razonamiento de esa fachada. Hizo falta una fuerza mayor, conseguida sumando a la anterior la succión producida por el roce (...) en una cierta cantidad de la superficie del interior (...) esa fuerza de succión aumenta cuanto más superficie (...) se tome, pero el peso involucrado también crece, y en consecuencia, la línea en que se produce el desmembramiento es aquella en que el tiro (...) equilibra a la componente horizontal del peso-rozamiento[91]".

Noia: Son ustedes unos cerdos... ¡Amb se vist..!.

Luca di Tena: Esto es increí ble ble...

> BSO: *Unbelievable* (1990) "Schubert Dip"
> EMF

(corte de escena)

---

90 Gran explicación de nuestro productor.
91 Pura poesía erótica-constructiva (ÁVILA JALVO 2002: 77).

Luca di Tena: Cambiando de tema… ¿Te das cuenta cuando salimos el otro día?

(Música de lira)

BSO: *Dalai Lama* (2013) "De Guijuelo a Wisconsin" Estrogenuinas

Luca di Tena: (Apoyándose en la barra) Bueno Salvatore, necesitamos a alguien en nuestras vidas, no todo en la vida puede y debe ser arqueología. ¿Me escuchas?

Salvatore Marina: (Mirando a su compañero) Si claro, Luca. Tengo tanta suerte con las mujeres como Spinal Tap con los baterías[92], ya lo sabes… Pero las palabras del profesor me desconciertan…

(Música de lira)

Prof. G. Gränderbergen: Puede que estemos empezando a excavar la casa por el tejado…

Narrador: ¿Se puede hacer un flashback de un flashback?

Salvatore Marina: Si claro, esto no es como si pones google en google…

Narrador: Ahh, vale. Prosigamos.

(Música de lira)

Luca di Tena: Bueno tato… Creo que esa es la forma correcta de excavar, empezar la casa por el tejado, el cual siempre estará en un estrato superior. De ahí lo importante que es la Arqueología de la destrucción[93].

---

92 *This is Spinal Tap* (Rob Reiner, 1984)
93 Término acuñado por Pablo Aparicio Resco, Alberto Polo Romero y el que suscribe.

Salvatore Marina: (Mirándole a los ojos) Por eso, Luca. Es por la incoherencia lo que me desconcierta.

Comentábale nuestro escultural amigo.

Luca di Tena: Si, si. *Capici*. Pero no pensemos más en ello. Hemos venido a desconectar un rato, que en la excavo solo hablamos de temas banales.

Salvatore Marina: Jajaja... A veces pienso que el profesor nos putea.

Lancaster Williams: Si claro... ¿Acaso no te acuerdas de Ostia?

(El puerto de Roma)

Luca di Tena: Jajaja... Y espero no olvidarlo jamás. Pero bueno, necesitamos unas mujeres en nuestra vida, que entre la sección autonómica y las locas de los gatos, se me saltan las lágrimas. Que solo tenemos que pensar en nuestras últimas conquistas.

Exponía Luca poniendo la mirada hacia el infinito.

Salvatore Marina: Bueno, más que calificarlas de conquistas, yo diría que son procesos de aculturización y sometimiento administrativo mediante una base económica y productiva.

Luca di Tena: Sabes que me estas tocando los cojones... ¿No?

Lancaster Williams: No se moleste, *amici*.

Decía Lancaster mientras cogía por el deltoides a su compañero.

Lancaster Williams: ¿Que está pensando?

Luca di Tena: (Explicativo) A ver... Empezamos con una prospección intensiva alrededor de los yacimientos, tomamos coordenadas. las georeferenciamos, es decir, cómo te llamas, estudias, trabajas, opositas..., o lo que es lo mismo, la funcionalidad del yacimiento. Y luego, retroexcavadora y pico y pala, y pico y pala, y pico y pala. Y después documentación, dibujo, toma de alguna fotografía –eso siempre si se deja- y tomando una serie de datos preliminares, por si tenemos que volver a adentrarnos en él, en busca de más documentación. ¿Qué se hace? Una buena virtualización mental preliminar... Y tomas conclusiones para, por si acaso, al día siguiente, tener temas de sobra para poder charlar en la siguiente mesa redonda del siguiente congreso.

Lancaster Williams: (Moviendo la cabeza) Vaya. Un trabajo intenso, ehh...

Salvatore Marina: Ya, todo es una constante de dureza, velocidad, fricción y constancia...

Luca di Tena: Algo así...

Salvatore Marina: A ver, te lo voy a decir en plan Sober...

Luca di Tena: ¿Con musiquilla alternativa y no habiendo superado la ruptura de tu novia del instituto?

> BSO: *En el espejo* (2001) "Synthesis"
> Sôber

Salvatore Marina: Ehhh, no... Quería decir, sobrio... ¡Pero qué diablos! Vale. ¿Otra cerveza?

Lancaster Williams: Venga. Hablemos del sur de Mesopotamia.

Luca di Tena: Imposible, es secreto de sumerio...

Salvatore Marina: Y eso no es de recebo...

Lancaster Williams: Será de recibo...

Salvatore Marina: No, en la meseta se dice de recebo...

Lancaster Williams: Ahhh... Luca ¿Por qué te huele la espalda a Vicks Vaporub?

Luca di Tena: Ehh... Es una larga historia compañero...

(Música de lira)

Fermín Bakerline: Salvatore, rey, dinos el parte meteorológico para mañana.

Salvatore Marina: Pues se lo voy a decir con musicote.

BSO: *No rain* (1993) "Blind Melon"
Blind Melon

Lancaster Williams: La última vez, te denunciaron por la música.

Luca di Tena: ¡Venga hombre, pero si puso temazos!

Salvatore Marina: ¿Porque lo quieres saber? ¿A dónde vas?

Fermín Bakerline: Al cine.

Salvatore Marina: ¿Y qué vas a ver?

Fermín Bakerline: *Quo Vadis*[94]?

Lucia Ferdel Campo: ¿Y qué significa?

Lancaster Williams: ¿A dónde vas?

---

94 *Qvo Vadis?* (Mervyn LeRoy, 1951).

Begolita: Al cine.

Luca di Tena: ¿Y qué vas a ver?

Mozinha: *Quo Vadis?*

Noia: ¿Y qué significa?

Prof. G. Gränderbergen: ¿A dónde vas?

Nigel Belzoni: Al cine.

Macarena Easo: ¿Y qué vas a ver?

Srta. Barley: *Quo Vadis?*

Mery: ¿Y qué significa?

Restauradora: ¿A dónde vas?

Tito Polus: Al cine.

Francisco Drebin: ¿Y qué vas a ver?

Mª. Flor de Azahar: *Quo Vadis?*

Mujer sexy del narrador: ¿Y qué significa?

Hernán Delfino: ¿A dónde vas?

Estudiante #1: Al cine.

Narrador: ¿Y qué vas a ver?

Prof. C. Blücher: ...

(Bucle *ad eternum ad absurdum*)

Narrador: Por cierto, ¿sabéis que este video fue el primero en ser grabado en las praderas de Windows? ¿No? Bueno, pues eso...

(Cortinilla de cambio de escena. Intersticio musical)

BSO: Batman (1966) "Original TV Soundtrack"
Nelson Riddle

CAPÍTULO III.6

 Segmento 1  Segmento 2

(Exteriores. En una terraza de un bar cercano a las puertas de la excavación. Los jóvenes se juntan alrededor de mesas. Empiezan a pedir consumiciones y siguen hablando de sus cosas. Atardece de forma menuda. El clima se asienta)

BSO: Zorba´s dance (1964) "Zorba the Greek"
Mikis Theodorakis

En un promontorio cercano, junto a la excavación y el bar, uno de los pocos sitios donde se podía encontrar cobertura, se encontraba nuestro héroe mirando a su lugar de trabajo, mientras el crepúsculo iba conjugando todas las tonalidades de la escala Munsell. El yacimiento cambiaba su fisionomía a cada palada, como si de una pedanía de Dark City[95] se tratara. Cuando terminaba el día, necesitaba unos instantes para el solo. Necesitaba irse y pensar en todo lo que le había reportado el día. Como decía Lancaster refiriéndose a su ciclópeo amigo.

---

95 *Dark City* (Alex Proyas, 1998). Una frase parecida con esta referencia cinéfila se la dijo a este autor uno de sus maestros (Miguel Alba Calzado). Con esta mención, ahí va mi recuerdo y agradecimiento (N. del A.).

Lancaster Williams: Necesita desfogar su alma tremendamente sensible a todo lo que sea arte, cultura y belleza.

Después de unos instantes en soledad, su maestro y amigo se acercó junto a ese portentoso físico creado para la investigación arqueológica y el deseo animal.

Prof. G. Gränderbergen: Buenas camarada. El día ha dado sus frutos, ¿Ehh?

Preguntó el profesor con tono amigable al *Suspirium Puellarum*[96].

Salvatore Marina: (Recordando) Ha sido un día muy bueno... Si... Recuerde que vendrá el delfín de Amanda un día de estos a mirar la cerámica.

Prof. G. Gränderbergen: Vaya, un adelantado a su tiempo, excavando antes la línea de fosa que el relleno. Su excavación de un campo de urnas parecía un campo de setas. Acuérdate cuando hizo ese artículo para la revista de ceramistas "*Soul of the Potery*". Fue un extraño estudio, ya que se basaba en unas muestras de cerámica a mano secada al sol e hizo un estudio de paleomagnetismo.

Salvatore Marina: Yaaa. ¿Eso no fue en el congreso de Barcelona donde hablo sobre el torno de Minateda[97]?

Prof. G. Gränderbergen: (Titubeando) Si, creo que sí, aunque no lo recuerdo del todo. Esa noche me quede a dormir en casa de unos amigos que vivían en el Walden 7. Llegué un poco perjudicado y después de estar una hora subiendo y bajando escaleras, recorriendo pasillos y como si de una litografia de Esther[98] se tratara, decidí dormir en el

---
96 *Ídolo de las chicas* (VIVÓ i CODINA: 2015:39).
97 A.K.A. Tolmo de Minateda (ABAD CASAL; GUTIÉRREZ LLORET; SANZ GAMO; 1999).
98 (N.del A.) Escher. Relativity (1953); House of stairs (1951).

rellano. Al despertarme, miré con estupor que no era el único en esa situación⁹⁹.

Gordon reía mientras miraba a su discípulo con cara de asombro.

Salvatore Marina: Profesor, esas cosas solo le pasan a usted.

Prof. G. Gränderbergen: (Asintiendo) Si... La Ilíada parda.

El profesor reía mientras a su discípulo se le insinuaba una sonrisa.

Prof. G. Gränderbergen: (Seriamente) Bueno, ya lo miraremos con calma. Y usted no piense tanto en esas muchachas ni en las catas. Esas afortunadas y lívidas compañeras que teniendo clavado en el pecho el puñal de la pasión, hincan sus piernas sobre un charco de información que chorrea más o menos con una resonancia caudalosa y excepcional solo contemplada en las viñetas que explican los ciegos¹⁰⁰.

Decía el profesor dando unos golpecitos en la fascia toracolumbar de su discípulo.

Prof. G. Gränderbergen: Sea como fuere, amigo, acérquese a un árbol de hoja perenne, estreche el tronco entre sus muslos, y elévese de este modo hasta las ramas desapareciendo entre el follaje.

Reía el profesor mientras se alejaba de su hercúleo amigo dando el relevo a Lancaster que se estaba acercando a la vera del adonis.

Lancaster Williams: Te noto raro, Salvatore. ¿Te pasa algo?

---

99 SEMS (Satán es mi señor)
100 Parafraseando y cambiando algunos párrafos de VILLAR Y MACIAS.

CAPÍTULO 3

Salvatore Marina: (Pensativo) Que va Lancaster, estoy bien, a veces ya sabes que pienso mucho las cosas.

Lancaster Williams: Porqué me parece que no estás hablando de Arqueología.

Apuntaba el muchacho mientras pasaba el brazo por la escapula torneada de nuestro efebo.

Salvatore Marina: Ehh. No, que va. Es que estoy pensando en varias cosas a la vez, y ya sabes que soy rubia natural.

Especificaba nuestro amigo quitándole Hierro I / La Tené al asunto.

Lancaster Williams: ¡Venga! Si eres tan abierto y fácil de leer como el libro de Arqueología cuantitativa de Shennan[101].

Salvatore Marina: ¿Estas intentándome decir algo??

Lancaster Williams: (Haciendo hincapié en su psique) Solamente te pregunto por aquello condicionantes fuera del sitio[102]... Yo solo te digo que existen unas variables, dos para ser exactos, que hacen presuponer que existen posibilidad de yacimientos... (guiño, guiño, codazo, codazo), No te estoy hablando de artefactos, sino más bien de arteusos o incluso circundatos.

Salvatore Marina: ¿Materialidad[103] a mí, Lancaster? Que pesao te pones cuando crees que hay ruido de fondo... Me estás dando una Chapa Brunet.

Decía nuestro erudito amigo intentando hacer referencia a la restauradora y a la antropóloga. Salvatore no contestaba,

---
101 (SHENANN 1988).
102 (FOLEY 1981).
103 (CASTRO MARTINEZ 1996).

solamente miraba a su amigo con la misma cara con la que lees el libro de Klejn[104].

Salvatore Marina: (Sin poder creérselo) ¿Estás seguro? ¿Acaso lo has visto?

Lancaster Williams: ¿Me estás diciendo que no te has percatado que la restauradora te aguanta la mirada con los parpados bajos y las pupilas dilatadas, y que la antropóloga cada vez que habláis se coloca el pelo detrás de las orejas dejando al descubierto su cuello, el elevador y el esplenio?

Decía Lancaster dando a entender que la comunicación no verbal era sumamente fácil de ver si se sabía que buscar.

Lancaster Williams: De hecho, les cambia la voz e incluso sonríen más de lo normal.

Salvatore Marina: Pues no amigo. Por la Diosa Clio[105] que no me he dado cuenta de nada. Con la restauradora no he hablado mucho... Y con la antropóloga siempre la he visto sonriendo. Yo no me había percatado de nada.

Decía nuestro héroe con la mirada puesta en la página 79 de Klejn.

BSO: *You spin me round (like a record)* (1985) "Youthquake"
Dead or alive

Cuando llegan Luca y Maca, con una rápida mirada a sus compadres, adivinaron al instante el tema que estaban tratando.

Macarena Easo: (Incisiva) ¿A que no se había dado ni cuenta?

---
104 (KLEJN 1993).
105 Musa de la Historia y de la poesía heroica.

Luca di Tena: Ya te digo yo que no...

Salvatore Marina: Algo me olía cuando me di cuenta en la comida, de que en su camiseta estaba impresa la frase del infierno de la Divina Comedia de Dante *"Lasciate ogni speranza, voi ch'entrate"*

Lancaster Williams: Ohh. Mon ami...

Salvatore Marina: Tomarla sería como lo contrario a la alquimia, convertir el oro en un metal inferior.

Lancaster Williams: Te entiendo, una princesa Lambra, tu propia Galatea, mi fiel Pigmalión.

Luca di Tena: Y la antropóloga es impresionante...

Salvatore Marina: Ufff... Me encanta su genotipo y su fenotipo es maravilloso.

Luca di Tena: No puedes ser como todo el mundo y decir cuerpo y mente. ¿Verdad?

Salvatore Marina: Es más que eso, Luca... Mucho más,... El fenotipo es más que cuerpo, es un compendio de características visibles entre el genotipo y el medio, es más que una fachada renacentista, ahí radica su atmosfera.

Exponía nuestro arqueotipo sexual mientras apuraba su cigar.

Salvatore Marina: Quizás... Ya sabes que el hombre es el único animal que tropieza en la misma piedra.

Lancaster Williams: Y mientras no la quiten, seguiremos cayendo... ¿Te acuerdas de aquellas palabras que le escribiste a Rosa, aquella jovenzuela de Erasmus que era de la Universidad Tel Aviv?

Salvatore Marina: Si claro. Solo quiero que marchites en mis brazos.

Lancaster Williams: ¡Qué bonito! Si le mandaste un poema[106] a una revista y todo. ¿Y que es de ella?

Salvatore Marina: Ahora es agente del Mossad.

Luca di Tena: Uhmm. Vaya. ¡Qué inquietante! ¿No?

Las caras de nuestros amigos insinuaban una mirada de congoja.

Lancaster Williams: Pues eso, ya sabes que hay gente que gasta mucho en peluquerías, zapatos y vestidos...

Salvatore Marina: ...cuando a nosotros nos gustan despeinadas, descalzas y desnudas.

Macarena Easo: ¡Ya te digo! Aishh... Con lo listo que es para algunas cosas y que no se dé ni cuenta que tiene dos bellesones suspirando por él.

Luca di Tena: Solo dos,... ¡Joder! Ni en mis mejores fantasías tengo tan buen gusto como para hacer un trío.

Apuntillaba tranquilamente Luca de una forma de lo más normal.

Lancaster Williams: oh. Ohh, Luca. Tienes un problema.

BSO: *Trouble* (1994) "We are shampoo"
Shampoo

Lancaster Williams: (Muy sardanápalo) Siempre con tu magia nos traes a la realidad.

---

106 Reproducimos a continuación el poema que mando Salvatore a la revista erótica-festiva *Dulces sueños húmedos*: Preposición indecente. «(Sin) Ti (Sobre) Mi / (Desde) Mi (Hacia) Ti / (Contra) Mi (Según) Tú / (Tras de) Ti (Según) Yo / (Por) Mi (Para) Ti / (Ante) Tú (Hasta) Mi / (Para) Ti (De) Mi / (Por) Ti (Según) Yo».

Proclamaba Lancaster entre sonrisas a medio hacer.

Luca di Tena: ¡Jooder!

Salvatore Marina: ¿Hodder[107]? ¿El *pater* de la arqueología postprocesual?

Luca di Tena: (Explicativo, muy explicativo): No, del latín *futuere*, en su séptima connotación, interjección malsonante usada para expresar enfado, irritación o asombro... ¡No te jode!

Salvatore Marina: (Maravillado) Chicos, ahora mismo no sé lo que nos traerá el futuro ni tampoco lo que nos depara el pasado, pero que el camino que nos llevara a este y otro sitio, es el que nos debe importar.

Decía Salvatore mientras entregaba unas cervezas a sus amigos y acercaba al centro para brindar como un ritual.

Lancaster Williams: ¡Mira! Una estrella Fugazi, pide un deseo.

BSO: *Waiting room* (1988) "Fugazi"
Fugazi

Salvatore Marina: Tengo todo lo que deseo...

(Cortinilla de cambio de escena. Intersticio musical)

BSO: *Batman (1966) "Original TV Soundtrack"*
Nelson Riddle

---

107 Ian HODDER (1948). Arqueólogo británico, pionero de la teoría y metodología de la arqueología postprocesual. Un *páter* para todos nosotros.

EPILOGO

(Exteriores. Una terraza cualquiera de un bar cualquiera. Un grupo de jóvenes y no tan jóvenes hablan distendidamente sobre lo humano y lo divino. Empieza a atardecer. El clima se normaliza y una fresca brisa empieza a mover telas y cabellos)

BSO: *Fotonovela* (1984) "Fotonovela"
Iván

Nuestros amigos debatían entre ellos, era raro que no lo hicieran. Incluso después de todo el día trabajando, todavía existían ganas de seguir hablando de lo mismo- Aunque también entre ellos existieran las miradas cómplices; La restauradora miraba mientras bebía; nuestro adonis bebía y miraba el infinito; la antropóloga observaba meditadamente. Las dos muchachas, sentadas juntas, se miraban con complicidad y se reían mientras musitaban entre ellas, cuando en ese momento nuestro efebo miro a las dos bellas féminas, las cuales se miraron entre ellas...

(Momento musical)

La eterna disyuntiva de elegir entre Zira y Nova[108]. El ying y el yang. La cal y la arena. El blanco y el negro. El agua y el aceite, y lo platónico y la realidad. Dos caras de una misma moneda, una lasca *Kombewa*.

Mujer sexy del narrador: Cari. Que sí. Lo hemos entendido, no tienes que hacer más símiles. Y es más, si nos ponemos puntillosos, aquellas lascas donde coinciden las direcciones de percusión de ambas caras bulbares se denominan lascas *Jano*, y constituyen un caso muy particular, dentro de lo que se conoce, como método *Kombewa*[109].

---
108 (BOULLE 1963:173, 177, 200, 202).
109 (SANTONA 1984: 28).

(Sonido de grillos)

Narrador: Ehh, ahh. Vale. Gracias cari.

Resumiendo, da igual cómo se ponga el destino, habría un ganador y un perdedor, y en este caso coincidirían en una mente para la investigación histórica[110] y un portentoso físico.

(Momento musical)

Cuenta la leyenda que si no puedes dormir, es porque estas despierto en los sueños de alguien. Nuestro adonis no sabía si dormiría o si lo que estaba viviendo eran las elucubraciones de un escritor novel. Solo sabía que esas miradas habían erizado más pieles de las que han tocado; más de un día de primavera, la lluvia desearía ser humedad entre sus piernas; Ellas no saben que el mundo se detiene cuando suspiran y que gira más despacio cuando se mueven, y que han dibujado multitud de sonrisas sin haberse dado cuenta[111].

Ahhh, Los locos sueñan con los ojos abiertos, *y volverán los viejos mitos en nuestro balcón sus nidos colgar*[112].

(Sonido de pajarillos)

Como cada atardecer, el día se debatía en una infructuosa lucha para vencer a la noche, batalla que siempre perdía. El sol poniéndose, el campo excavado bañado por esa luz,

---

110 «*...La formación del Historiador habrá de orientarse, en primer lugar, hacia su preparación teórica e instrumental para el análisis social, haciendo de él un científico social de formación amplia, abundante en contenidos básicos genéricos referentes al conocimiento de la sociedad. Y en modo alguno ello debe ir en detrimento de la formación humanística, como hemos señalado, puesto que solo así la formación en la disciplina historiográfica tendrá un cimiento adecuado y podrá ser trasmitida con todo su valor*» (AROSTEGUI 1995: 37) Julio Aróstegui estará orgulloso, y si encima esa *teoría* y *método*, tiene unos abdominales de vértigo y unos brazos bien definidos, pues mejor.

111 Feminizando las palabras de Goethe sobre Winckelmann «*En ellas, la naturaleza había puesto todo aquello que define y conviene a una mujer*» (CERAM 1949: 26).

112 (HERRERO MENOR 2013: 145).

el sudor corriendo en gotas polilobuladas por una espalda esculpida y tatuada hacía que la propia madre tierra sintiera deseos de abrazarle. Su piel tersa sobre horizontes edafológicos, la textura terrera, su piel sudaba. Su piel morena... sobre estratos altoimperiales.

BSO. *Ella* (1994) "Un amigo de verdad"
Viceversa

(Cortinilla de cambio de escena. Intersticio musical)

BSO: Batman (1966) "Original TV Soundtrack"
Nelson Riddle

PRESENTACIÓN DE PERSONAJES

Starring

Juan I. García Hernández	Salvatore Marina
Javier «Txapi» Bazán Márquez	Luca di Tena
Alejandra Rodríguez Sánchez	Restauradora
Carolina Martin Blanco	Macarena Easo
Santiago Aramendi Urrestarazu	Pr. Gordon Grandërbergen
Jesús Liz Guiral	Pr. Colin Blücher
Beatriz Martín Eguiguren	Lucy
Pablo Guerra García	Lancaster Williams

Las mulas de Mario

Mireia Sabaté i Balada	Noia
Elena Taboada Durán	Mozinha
Beatriz Comendador Rey	Dra. Srta. Amanda Arvardan Prusselius
Jaime Almansa Sánchez	Fermin Bakerline
Pablo Aparicio Resco	Francisco Drevin
Sandra Benítez Marcos	Srta. Barley
Darío Peña Pascual	Nigel Belzoni
Aníbal Glez-Arintero	Becario leonés
María Jover Chavida	Mery

Begoña Palacio Gómez — Begolita
Carlos Cortés Montes — Hernán Delfino
Alberto Polo Romero — Tito Polus
Azahara Herrero — Mª Flor de Azahar

Also Starring

Ignacio Rodríguez Temiño — Lienzo Repecho Úbeda
Markel Gorbea Pérez — Neska
Javier García Muñoz — Estudiante #1
César Molares López — C. Schrödinger
Marianne Ténéze — Madamme Turifell
Angel Zamanillo — Barman
Jokin Santakana Urrestarazu — Voz recreada
Seyla Cortés — Mujer sexy del narrador

Narrador
Santiago Aramendi Urrestarazu

Producido por:
Jokin Santakana Urrestarazu y Santiago Aramendi Urrestarazu

Presentación de personajes   219

Juan I. García Hernández
(Salamanca, 1980). Licenciado en Historia y DEA en arqueología. Arqueólogo profesional desde 2002. Realiza proyectos, actividades o ideas relacionadas con el patrimonio y la cultura, con una visión de la arqueología pública desde ópticas no efímeras. Didáctica e interpretación del patrimonio, desde perspectivas de educación no formal, atractiva, lúdica, seria pero extrovertida. Busca una arqueología experimental y sensorial tanto en exposiciones como en museos. Único valedor de palabros como *Metarqueología* y *Arqueosofía*. Amanecista. Bellamylano. En la actualidad sobrevive como soldado —patrimonial— de fortuna.

Salvatore Marina
(San Pedro de —los muslos— rozados, Salamanca, 1980) Joven calipédico postprocesualista, amante de la investigación arqueológica y poseedor de un portentoso físico que hace plantearse su virilidad al mismísimo Zeus. Fiel discípulo del profesor Grandërbergen —con el que ha realizado la mayor parte de su trabajo. Su línea de investigación está a caballo *przewalski* de un estudio interdisciplinar de cuestiones de género en la antigüedad tardía y un catálogo ornamental de vajilla decorada. Especialista en cerámica ática con decoraciones de hombres desnudos. Una de las pocas personas que en su foto de LinkedIn sale *au naturel*.

Javier «*Txapi*» Bazán Márquez

(Castro-Urdiales, 1980). Este polifacético joven empezó en la arqueología siendo menor de edad, antes de haber empezado la carrera de Historia. Estudió la carrera en la UC y en la USAL. Tras un breve periplo por la Granada y la UAM para especializarse. Desde su época de universitario, siempre compaginó sus estudios con el trabajo de hostelero y la arqueología, cruz o hábito que ha mantenido hasta hoy día.

Luca di Tena

(San luca, Reggio Calabria, 1979). Joven de origen calabrés, aunque se fue con diecisiete años a estudiar a la universidad de Peruggia, donde cursó sus estudios en Historia. Gracias a un programa de intercambio de estudiantes, conoció la arqueología celtíbera y se enamoró de nuestro *modus operandi* habitual: pocos recursos y mucho talento, nada nuevo para un calafricano. Por lo que cursó un año de Erasmus en la facultad de Salamanca, tras un breve y decepcionante paso por Atapuerca[1].

---

[1] Di Tena, Luca; (en prensa): Ata-puerca. Historia Calamitatum. Colección temática «Antes de que llegaran los romanos, Sodoma era conocida por su cerámica...». Temas de interés y divulgación arqueológica ¿Cómo entrar en los Annales (de la Historia)?, Behind the dig & Sonrisa vertical.

Presentación de personajes

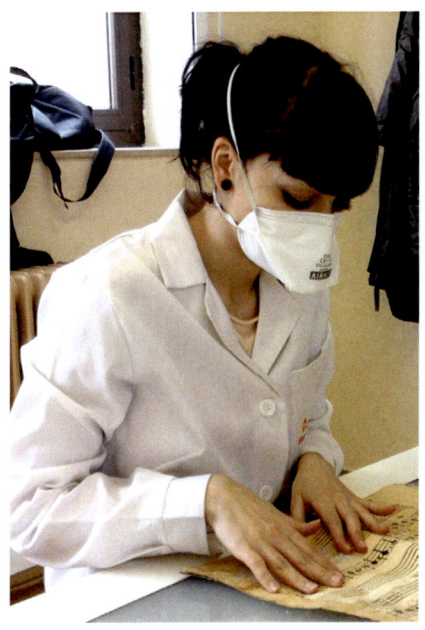

Alejandra Rodríguez Sánchez
(Salamanca, 1989). Graduada en Conservación y Restauración con especialidad en Diseño Gráfico. Realizó el posgrado de Gestión y Conservación del Patrimonio Cultural y ha trabajado en varias ocasiones realizando tareas de limpieza y conservación de los depósitos de la Biblioteca Nacional de España y de la Biblioteca del Ejército de Aire. Su trabajo más reciente ha sido la restauración de 200 ejemplares de principios del siglo XX de la Biblioteca Central Militar.

Restauradora
(Mitilene, Lesbos, 1989). Graduada en Conservación y Restauración con especialidad en arqueología. Pronto destacó entre su promoción, lo que le llevó a realizar sus prácticas como restauradora del Museo Arqueológico Nacional. Harta del bullicio de Madrid y gracias a esta experiencia, se unió al equipo de trabajo en la necrópolis de Luxor. Exhausta —y demasiado morena para su gusto— se encuentra ahora en paradero desconocido. Las últimas informaciones la sitúan en Noruega, dedicada a su verdadera pasión, la elaboración de *cup cakes*.

Carolina Martin Blanco
(Madrid, 1980). Licenciada en Historia en la especialidad de Prehistoria y Arqueología por la Universidad Autónoma de Madrid, ha trabajado en numerosos trabajos de campo repartidos por la geografía española. Actualmente trabaja para una empresa de Gestión y Arqueología en Córdoba. También tiene un máster en Gestión Cultural y es colaboradora honoraria del Departamento de Historia del Arte de la UCO.

Macarena Easo
(Córdoba, 1985). Cursó estudios de Historia del Arte en la Universidad de Córdoba (UCO) y pertenece al grupo de investigación Aula de Patrimonio Arqueológico, desde donde participa en numerosas actividades arqueológicas de renombre internacional. Actualmente se está sacando el Doctorado, pero entre las excavaciones y trabajar como modelo para un club pijo cordobés, hace que éste se le esté resintiendo.

Presentación de personajes

Santiago Aramendi Urrestarazu
(Donostia-San Sebastian, 1980). Pasé mi infancia entre levantamientos de piedra y cortadores de troncos. A los 16 años pasé a formar parte de una de localidades más apasionantes del mundo de la cultura, la charra. A partir de entonces, centrado en mis estudios de derecho y más tarde de Comunicación Audiovisual, logré avanzar mis dotes profesionales como presentador, locutor, reportero, operador de cámara, editor, redactor y un largo etcétera. Como me gusta definirme a mí mismo, «aprendiz de todo y maestro de nada».

Pr. Gordon Gränderbergen
(Llanfairpwllgwyngyllgogerychwyrndrobwllllantysiliogogogoch, 1961). Galés de nacimiento pero ibérico de adopción[2]. Habitante del 2º Mundo. Gran maese postprocesualista. Especialista en lupanares en el mundo romano y grecoelectrolatino. Uno de los mayores especialistas en los *Tintinambulum* en ambientes cortesanos y plebeyos. Sus primeros estudios fueron pioneros en campos como la cerámica, la alquimia y la destilería de sustancias espirituosas.

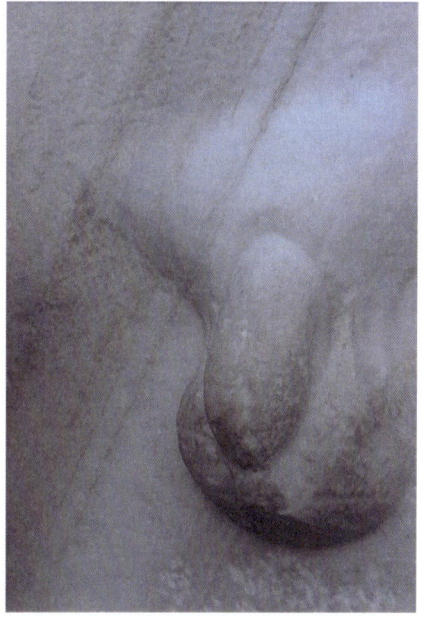

---

[2] Al llegar de joven como tantos otros hispanistas, primero se enamoró del cerdo y de sus andares, luego de una andaluza, aunque solo un poco, y si bien nació en un islote gales, es ibérico de adopción, como a él le gusta decir.

Jesús Liz Guiral

(Zaragoza, 1958). Nacido en Zaragoza el 5 de enero de 1958, cursó en su ciudad natal los estudios de Historia. Fue profesor en las universidades de Córdoba, León y finalmente catedrático de arqueología en Salamanca. Participó en las excavaciones de Gerasa (Jordania), Cávoli (Cerdeña), Bilbilis y Lancia (España). Sus trabajos se centraron en arqueología clásica, especialmente lo relacionado con ingeniería y arquitectura romana.

Pr. Colin Blücher

(Avebury, 1960). Profesor universitario especialista en decoración de interiores en *domus* romanas. Licenciado *cum laude* en dos de cada tres universidades europeas. Uno de los primeros investigadores en utilizar la sofisticación —las malas lenguas dicen que fue él quien escribió el libro atribuido a Shennan— y la anfibología arqueológica, concretamente para el término «*ritual*». Se dice que fue uno de los artífices de un club que traducía jeroglíficos que algunos/as no querían que fueran descifrados, llamado la *Champollion League*. Admirador de la pizza con piña. Odia a los arquitectos municipales.

Presentación de personajes

Beatriz Martín Eguiguren
(Madrid, 1974). Licenciada en Historia por la UAH casi toda la carrera profesional la realicé en Toledo con alguna que otra excavación en Madrid. Mi sueño es ser visitadora de yacimientos. Cobrar por ver como trabajáis el resto y me contáis vuestras historias. Sigo trabajando en ello.

Lucia «Lucy» Ferdel Campo
(Madrid, 1974). Secretaria del departamento, trabaja para el Profesor Granderbergen. Estudió Historia en la Complutense de Madrid y luego opositó para el puesto de secretaria del departamento de Arqueología. Era la forma más fácil de tener un sueldo continuo y estar en contacto con la arqueología. No imaginó que aparte del Profesor, de carácter curioso, tendría que soportar las coñas de su alumnado. Entre feliz y hastiada. Esa es Lucy.

Pablo Guerra García
(Madrid, 1978). Licenciado en Historia (2002) y Doctor por la Universidad Politécnica de Madrid (2015). Desde hace más de 15 años ha participado en numerosas intervenciones nacionales, siendo director de varias de ellas en Segovia, Madrid y Castilla-La Mancha. Arqueólogo profesional desde 2004, ha publicado en diferentes medios académicos y ha participado en diferentes congresos nacionales e internacionales (Turquía, Escocia o Portugal). Entre sus mayores logros está el haber trabajado en una floristería —siendo daltónico— y haber pagado su coche arreglando frigoríficos y lavadoras. En la actualidad, hace la colada a mano...

Lancaster Williams
(Cabina de un avión de Luftansa, 1975). Doctor en Arqueología con especialidad en bioataques secundarios en época de Hammurabi. Desarrolla toda su profesión excavando agujeros con indicios de extractos de canela y lavanda. Ha intervenido en numerosos yacimientos arqueológicos de primer orden como Çatal Hüyük o Parla. Ha sido ponente en diferentes congresos relacionados con la arqueología, la antropología (el estudio de los «antros» de tipología heavy) y las artes oscuras. Entre sus méritos destaca la Concha de Plata por su intervención en *Hellboy* y un premio extraordinario del Euromillones, en donde obtuvo un acierto y una estrella = 2,34 euros.

Presentación de personajes 227

Mireia Sabaté i Balada
(Barcelona, 1987). Licenciada en Bellas Artes, especializada en Conservación y Restauración por la UB, Graduada en Arqueología por la UAB. Màster oficial de Dirección de proyectos de Conservación y Restauración de la UB. Restauradora y arqueóloga autónoma, directora de las excavaciones del yacimiento ibérico del Castellar (La Llacuna, Anoia), y del proyecto de restauración y conservación del material arqueológico del nuevo centro de interpretación del yacimiento ibérico de Font de la Canya (Avinyonet del Penedés, Alt Penedés), socia de la empresa Anoia Patrimoni, dedicada a la asesoría histórica y gestión cultural, entre otras muchas cosas...

Noia
(Sant Jaume de Frontanyà, 1992). Arqueóloga, especializada en prehistoria de Catalunya. Estudiante del Màster de Prehistòria. Grallera de la colla dels gegants de Sant Jaume de Frontanyà. Presidenta de l'Asamblea Catalana Nacional del Pueblo. Trabaja como autónoma haciendo réplicas de imágenes religiosas medievales en madera para grupos de recreación.

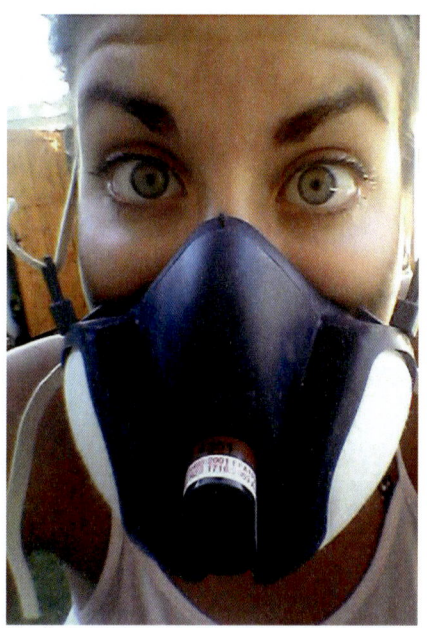

Elena Taboada Duran
(Campo Lameiro, Pontevedra, 1978). Arqueóloga. Me ha tocado hacer algo de todo, aunque lo que más disfruto es el campo. Quería ser corresponsal de guerra y acabé en una zanja, con una excavadora al lado y una band of brothers de los que estoy muy orgullosa, y que me han enseñado casi todo lo que sé de arqueología. El tiempo me ha reconvertido al lado oscuro de la didáctica y ahora cuento y enseño qué es lo que hacía... y me gusta.

Mozinha
(Ferrol, 19??). Aunque es un mote, es como me conoce todo el mundo, creo recordar que me llamo Ana. Soy rubia (del palo), me gusta parecer un poquito tonta (hace que la gente se confíe), soy un poquito de derechas y estéticamente monárquica... que en arqueología hay mucho falso rojo. Algo más casquivana de lo que me gusta reconocer... pero buena tía, ¡qué pasa!

Presentación de personajes

Beatriz Comendador Rey
(Vilagarcía de Arousa, 1967). Arqueóloga e doutora en Xeografía e Historia (1997) pola USC. Ex-Vicedecana da Facultade de Historia do Campus de Ourense da Universidade de Vigo e profesora contratada doutora da Área de Prehistoria. Coordinaba o Máster en Valoración, Xestión e Protección do Patrimonio Cultural e co-coordina o Máster Interuniversitario en Arqueoloxía e Ciencias da Antigüidade. Autora de diversas publicacións e de varios blogs de difusión ou de reflexión sobre a presenza da arqueoloxía e o pasado na sociedade actual, como *Pasado Reciclado*.

Dra. Srta. Amanda Arvardan Prusselius
(Sueca, o se lo hace, 1958). Funcionaria de origen nórdico, Directora del Museo de la fundación Kunterbunt, presidenta honoraria de la Asociación de Amigos del mismo y directora de su prestigiosa revista. Pretende la tutela de todos los objetos que considera huérfanos, ya que se niega a reconocer que tienen familia y vida propia. Va camino de convertirse en una pieza del museo en sí misma, pero aún no se ha atrevido nadie a decírselo.

Jaime Almansa Sánchez

(El Cabaco, digo Madrid, 1983). Joven arqueólogo y editor. Desde que subiera a trabajar en bicicleta a un yacimiento de su pueblo durante su tierna adolescencia, no ha dejado de buscarse las castañas en una profesión demasiado vocacional. Empresario autoexplotado, fue socio fundador de JAS Arqueología, desde donde desempeñó gran variedad de actividades a las que intenta dotar de sentido en el marco de la arqueología pública hasta que le captó el sector público y se fue al Incipit, CSIC a hacer los mismo, pero más tranquilo. Por cierto, Beatriz, ahora mismo me dedico a tu sueño, pero no se lo digas a nadie.

Fermin Bakerline

(Alcalá de Henares, 1990). Joven estudiante de arqueología que se enfrenta a sus primeras experiencias en la disciplina. Sobrino del ilustre Dr. Heinrich Bakerline, nunca le han faltado las oportunidades de trabajo por aquí o por allá. Así, desde que su tío le enseñó a identificar cerámicas por el gusto, lametón tras lametón, en mil y una catas, sueña con descubrir su propia Pompeya y algún nuevo tipo cerámico al que poder dar nombre.

Presentación de personajes

Pablo Aparicio Resco
(Guadalajara, 1989). Nací en la Alcarria —Castilla, no La Mancha— hace veintiséis años y he acabado siendo historiador del Arte, arqueólogo y, sobre todo, virtualizador del Patrimonio. Convertir en 3D aquello que imaginamos que fue nuestro pasado es mi especialidad. He escrito, además, un libro sobre Iconografía Clásica y otro sobre Arqueología Virtual. Actualmente imparto clases sobre fotogrametría y diseño 3D.

Francisco Drevin
(Majaelrayo, 1989). Nací entre escombros, tras la tapia de lo rural, y desde entonces los cascotes y restos constructivos marcaron mi destino. Me dedico a dibujar, con precisión de cirujano, el lúcido rostro del patrimonio arqueológico, implantando para ello el uso de las más avanzadas tecnologías tras haber estudiado un módulo en Wisconsin. Dos son mis objetivos: documentar en 3D a la mujer perfecta y reconstruir las noches de fiesta de Winckelmann en el Palacio de Portici.

Sandra Benitez Marcos
(Madrid, 1984). Licenciada en Historia en Alcalá de Henares (Madrid) y especializada en antropología física y forense por la Universidad de Granada.

Srta Barley
(Villaviciosa, Madrid, 1979). Doctora en antropología forense por la Universidad metropolitana (la buena, la venezolana). Especialista en enterramientos de cubito prono *clunibus levis*. Fuertemente influenciada por teorías Vatsiaianas, su tesis es la única considerada por ciertas asociaciones de historiadores creacionistas como parte de el *Index Librorum Prohibitorum*. Fundadora de un grupo de escalada trotskista. Es muy de moño y vermouth.[3]

3 Werner Maresta ©. Penny Rogers.
Esta imagen nos idealiza a esa joven arqueóloga en los albores de finales del s. XIX, extraída de la web serie *The amazing adventures of Penny Rogers*, continuación de la Historia que apareció en la edición italiana de *X comics #59*, sobre un concurso de comics eróticos. <http://www.pennyrogers.org/>

Presentación de personajes

Darío Peña Pascual
(Ávila, 1976). Abulense de nacimiento y gallego de elección. Estudié en Salamanca y me formé como arqueólogo en Galicia con el Laboratorio de Arqueología, actualmente IEGPS-CSIC. Pesé una temporada excavando en Irlanda. Ahora formo parte de Árbore S. Coop. Galega e intento sacar tiempo para avanzar en mi tesis doctoral.

Nigel Belzoni
(Lugar indeterminado, 19??). Creo que no cree en las matemáticas. Le gustan el Cola-Cao y los pistachos. Aunque es un estratígrafo ortodoxo admite primas por hallazgo.

Anibal Glez-Arintero

(León, 1983). Arqueólogo por vocación y formación, visitante y guía, viajero y residente. Actualmente al timón de White Umbrella Tours Paris. La mejor de las armas es la difusión y la educación, no la sanción y si otra arqueología no es posible, habrá que inventarla.

Becario leonés

El Becario Leonés es un pequeño homenaje a todos esos estudiantes que cambian cada verano durante la carrera la arena de las playas por la de las terreras. El Becario Leonés es siempre el último en acostarse y el primero en levantarse, el último en soltar el gin tonic y el primero en agarrar el pico, el que cada primavera busca desesperado un destino en el que poder aprender a hacer arqueología de campo sin tener que acabar a cambio con todos sus ahorros del resto del año. El Becario Leonés no suele hablar mucho, pero siempre está en todos los corrillos del yaci, y si puede ser cerca del botijo para paliar la resaca, mejor.

Presentación de personajes 235

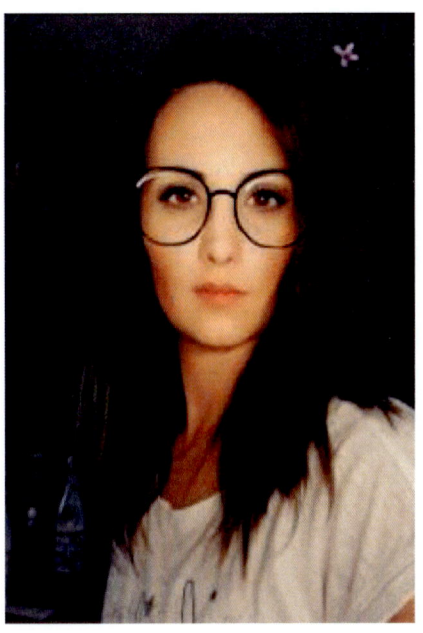

Maria Jover Chavida
(Madrid, 1979). Nacida en Madrid en el seno de una familia trabajadora. De carácter sosegado y tranquilo. Estudio Historia en la Universidad de Alcalá de Henares y se decantó por el mundo de la arqueología y la Prehistoria. Finalmente se dedica al mundo del maquillaje profesional en TV.

Mery
(Madrid, 1979). Nacida en el barrio madrileño de Chamberí, ya destacaba de joven por su carácter alegre, soñador y dicharachero. Estudió arqueología en la Universidad Complutense de Madrid y el doctorado en la Universidad de Bristol, con la que sigue trabajando actualmente.

Begoña Palacio Gómez
(Madrid, 1980). Nacida en Madrid en la década de los 80. Geóloga de profesión, hidrogeóloga por pasión, ambientóloga por vocación, arqueóloga de corazón. Como lo que acabe en «-loga» me gusta, traté de ser arqueóloga en los ratos libres, a fin de cuentas geólogos y arqueólogos tienen mucho en común, aunque solo sea por esos nombres raros y términos extraños que solo ellos conocen, bueno por no hablar de esa forma de perfilar los estratos...

Begolita
(Meseta, 198?). Nacida en algún lugar indeterminado de la meseta en los 80 (hacer prueba Carbono 14). Geóloga de campo, pero muy de campo. Su amiga Mery fue la que la introdujo en el mundo de la arqueología, o eso cree recordar. Su sed de campo, sol, alcohol y, por qué no, la imagen de fornidos arqueólogos de torsos sudorosos, fue lo que la llevó a pasar largar temporadas pico en mano sembrando las catas y yacimientos de términos geológicos, la gran mayoría inventados.

Presentación de personajes

Carlos Cortés Montes
(Potes, Cantabria, 1984). Después de pasar su infancia en varias localidades cántabras, es en 2002 cuando decide dedicar todo su cuerpo y alma a la Arqueología. Colabora en cuantas excavaciones puede, diseminadas por todo el territorio nacional, y se forma en las Universidades de Santiago de Compostela, Santander, Bologna y Salamanca... De ninguna de ellas es expulsado. Ni de ninguna excavación. En la actualidad sigue activo de forma ininterrumpida. *Arqueólogo de campo Old School. Rara avis.*

Hernán Delfino
(Lugar indeterminado, 19??). Arqueólogo de despacho. Hizo la carrera en 5 universidades diferentes, rodeándose siempre de las grandes esferas. Se jacta de conocer todas las excavaciones —o a sus directores— de la península sin haber pisado ninguna. Se dice, se cuenta, que siendo fiel a su apellido, fue discípulo de un gran maestro de cuyo nombre no damos pistas. También se dice que la mitad de la carrera la hizo de rodillas. Todos conocemos a alguien así.

Alberto Polo Romero

(Segovia, 1986). Doctor en Arqueología, arqueólogo profesional y docente por vocación. Después de pasarse muchos años siendo monitor y coordinador de campamentos mientras realizaba sus estudios, decidió mezclarlo con la Arqueología, el resultado es una búsqueda continua de una disciplina que mezcle la investigación con el componente social y educativo.

Tito Polus

(Un lugar de Castilla la Vieja de cuyo nombre algún día nos acordaremos, frío y nevado invierno de los 90) Un chaval de Castilla, de más allá del muro, que un día llego a la capital a estudiar Historia, consiguió trabajar de arqueólogo y en los ratos libres de las obras acabó empezando una tesis sobre Didáctica de la Arqueología.

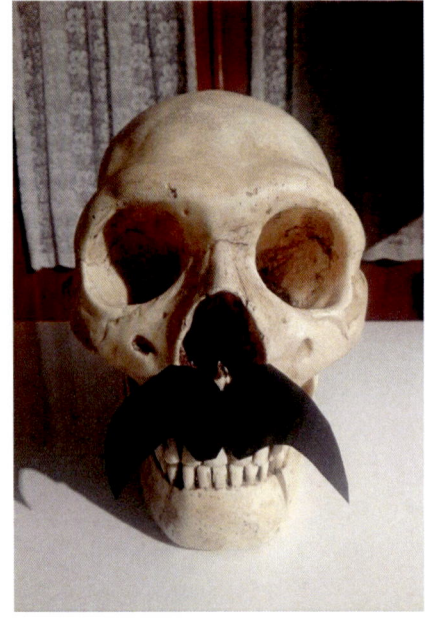

Presentación de personajes

Azahara Herrero
(Madrid, 1986) Ilustradora y arqueóloga. Desde la infancia siempre se interesó tanto por el arte como por la historia y la arqueología. Tras formarse en dichos ámbitos, decidió combinar ambas pasiones especializándose en ilustración histórica. Cuenta con diversas publicaciones editoriales y colaboraciones en proyectos de divulgación histórica.

Mª Flor de Azahar
(Córdoba, 1982). Arqueóloga de vocación y de alma ochentera. Tras realizar sus estudios de Arqueología en su ciudad natal, decidió seguir buscando piedras y el eslabón perdido en la fría Inglaterra, donde actualmente se encuentra estudiando el significado de Stonehenge y otros ovnis relacionados.

PRODUCTORES

Santiago Aramendi Urrestarazu
(Donostia-San Sebastian, 1980)
Pasé mi infancia entre levantamientos de piedra y cortadores de troncos... está repe más atrás, así que lo podéis leer allí.

Jokin Santakana Urrestarazu.
(Donostia-San Sebastian, 1983)
Nací y crecí en la parte vieja de la ciudad, muy influenciado por mis padres cuyo gusto por el cine me contagió. Realizando cortos he participado en diferentes concursos, logrando el 2º premio del concurso exprés de Atlantikaldia en la edición de 2017.

BSO
Escúchala en Spotify

Música incidental y Banda Sonora de Amor Estratigráfico
Score & Soundtrack of Stratigraphic Love

Capítulo I.1.

Circle of life. El Rey León Soundtrack (1994)
El Rey León Soundtrack [Elton John & Tim Rice]

Batman (1966)
Original TV Soundtrack [Nelson Riddle]

Capítulo I.2.

Sintonía. El hombre y la tierra. Serie fauna Ibérica (1974)
El hombre y la tierra BSO [Antón García Abril]

Once upon a time… Storybook love. La Princesa Prometida Soundtrack (1987)
La Princesa Prometida Soundtrack [Willie DeVille & Mark Knopfler]

Tengo tu amor. Fórmula V (1969)
Tengo tu amor EP

Batman (1966)
Original TV Soundtrack [Nelson Riddle]

Capítulo I.3.

Мама Люба. Серебро (2012)
Mama Lover

Smooth criminal. Michael Jackson (1987)
Bad [Annie are you OK remix]

Batman (1966)
Original TV Soundtrack [Nelson Riddle]

Capítulo I.4.

Мама Люба. Серебро (2012)
Mama Lover

Lucy in the sky with diamonds. The Beatles (1967)
Sgt. Pepper´s Lonely Hearts Club band

Batman (1966)
Original TV Soundtrack [Nelson Riddle]

Capítulo I.5.

Salute to Thames. Thames TV (1968)
[Jonhnny Hamksworth]

Out of time man. Mano Negra (1991)
King of Bongo

Batman (1966)
Original TV Soundtrack [Nelson Riddle]

Capítulo I.6.

Dream Weaver. Gary Wright (1975)
Wayne´s World Soundtrack

Kiss from a rose. Seal (1994)
Seal [Piano version by Christopher Peacock]

Ritmo de la noche. Mystic (1990)
La ola EP

Capítulo II.1.

The Harry Lime theme. El Tercer Hombre Soundtrack (1949)
[Anton Karas]

Rigodón. Mocedades (1983)
La vuelta al mundo de Willy Fog [Guido y Mauricio de Angelis]

Capítulo II.2.

Opening. Faster, Pussykat! Kill! Kill! BSO (1965)
 Faster, Pussykat! Kill! Kill! BSO [Paul Sawtell]

Home. Sevendust (1999)
Home

Yellow submarine. The Beatles (1969)
Yellow Submarine

La Sagrada Familia. The Alan Parsons Project (1987)
Gaudi

A tout le monde (set me free) Megadeth (2007)
United abominations

Lolita. Alizée *(2000)*
Gourmandises. Moi...

Mah na mah na. Piero Umiliani (1968)
Svezia, inferno e paradiso

Mah na mah na. Cake (2002)
VA. For the Kids. Save the music foundation [Piero Umiliani]

Batman (1966)
Original TV Soundtrack [Nelson Riddle]

Capítulo II.3.

Top Gun Anthem. Top Gun Soundtrack (1986)
[Harold Faltermeyer y Steve Stevens]

Sintonía. La clave (1976)
[Carmelo Bernaola]

Out of time man. Mano Negra (1991)
King of Bongo

Keating´s triumph. Dead Poets Society Soundtrack (1989)
[Maurice Jarre]

Demiurge. Meshuggah (2013)
Koloss

Bonnie and Clyde. Serge Gainsbourg (1968)
Avec Brigitte Bardot

Batman (1966)
Original TV Soundtrack [Nelson Riddle]

Capítulo II.4.

Opening. La aldea del arce (1986)
[Monano y su banda. Emilio Aragón y Rita Irasema]

The breaking of the fellowship. El Señor de los anillos Soundtrack (2001)
[Howard Shore]

Tú medicina. Hamlet (1998)
Insomnio

Fiera inquieta. Pasión de gavilanes Soundtrack (2003)
[Ángela María Forero]

Cohkka. Apocalyptica (2003)
 Reflections

Release the beast. Breakwater (1980)
Splashdown

Batman (1966)
Original TV Soundtrack [Nelson Riddle]

Capítulo II.5.

Call me. Spagna (1985)
Dedicated to the moon

Theology/Civilization. Conan the barbarian Soundtrack (1982)
[Basil Poledouris]

Never Ending Story. The Neverending Story Soundtrack (1984)
[Limahl]

Otherside. Red Hot Chili Peppers (1999)
Californication

Karma chameleon. Culture Club (1983)
Colour by numbers

Batman (1966)
Original TV Soundtrack [Nelson Riddle]

Capítulo II.6.

Don´t leave me this way. The Communards (1986)
Communards

Celestial Crown. The Sword (2006)
Age of Winters

Saturday Night. Whigfield (1994)
Whigfield

Batman (1966)
Original TV Soundtrack [Nelson Riddle]

Capítulo III.0.

Escape from Tomorrow. Lalo Schifrin (1974)
Escape from tomorrow

Un, dos, tres, responda otra vez. (Cronometro regresivo) (1972)
[Narciso «Chicho» Ibáñez Serrador]

Batman (1966)
Original TV Soundtrack [Nelson Riddle]

Capitulo III.1.

Do the Hustle. Van McCoy & The Soul City Symphony (1975)
Disco Baby

Love is in the air. John Paul Young (1978)
Love is in the air

Eulogy. Tool (1996)
Aenima

Amen. Flos Mariae (2014)
Flos mariae

Tico tico no fubá. Bando de Macambira (2014)
Chorinho [Zequinha de Abreu (1917)]

Me and the farmer. The housemartins (1987)
The People Who Grinned Themselves to Death

Rama lama ding dong. Rocky Sharpe & the Replays (1978)
Rama lama [The Edsels]

Batman (1966)
Original TV Soundtrack [Nelson Riddle]

Capitulo III.2.

All that she want. Ace of base (1993)
The sign

Paris, Texas (1984)
Paris, Texas OST [Ry Cooder]

Skeet surfing (1984)
Top Secret OST [Parody medley based on *Surfin USA* by Brian Wilson and Chuck Berry]

Main Title (1992)
El Último mohicano OST [Trevor Jones]

All my Friends are dead. Turbonegro (2005)
Party animals

Soul Bossa Nova. Quincy Jones (1962)
Big band Bossa Nova

Será que no me amas. Luis Miguel (1990)
20 años [*Blame It on the Boogie*. The Jacksons 5 (1978) Destiny]

Batman (1966)
Original TV Soundtrack [Nelson Riddle]

Capitulo III.3.

Little house on the prairie (1973)
Little house on the prairie OST [David Rose]

Cannonball. Supertramp (1985)
Brother where you bound

Lucy in the sky with diamonds. The Beatles (1967)
Sgt. Pepper´s Lonely Hearts Club band

The Typewriter. Who´s minding the store? OST (1963)
[Leroy Anderson (1950)]

Dolce Vita. Ryan Harris (1983)
Dolce Vita [Paul Mazzolini y Pierluigi Giombini]

Good Thing. Fine Young Cannibals. (1989)
The raw and the cooked

Out of time man. Mano Negra (1991)
King of Bongo

Ветер перемен (Winds of change Russian version). Scorpions (1990)
Crazy World

Smalltown boy. Bronski Beat (1984)
The age of consent

Batman (1966)
Original TV Soundtrack [Nelson Riddle]

Un mundo fantástico. Dulces (1985)
Dragones y mazmorras [Amado Jaén]

I´m always here. Jim Jamison (1994)
Baywatch OST (I´m Always here EP)

Me estoy volviendo loco. Azul y Negro (1983)
Digital

Batman (1966)
Original TV Soundtrack [Nelson Riddle]

Capitulo III.4.

Original Miami Vice theme. Jan Hammer (1984)
Miami Vice OST

Huele como a rancio. Los Gandules (2010)
Fondo de armario stars

Slip into something more confortable (feat. Ben & Jason). Kinobe (2000)
Big Brother

Korobéiniki. Tetris theme Type A music (1984)
[Hirokazu Tanaka]

Informer. Snow (1992)
12 inches of Snow

When good dogs do bad things. The Dillinger scape plan (2002)
Irony is a dead scene

Amante bandido. Miguel Bosé (1984).
Bandido

Africa. Toto (1982)
Toto IV

Sexual healing. Marvin Gaye (1982)
Midnight love

Maneater. Daryl Hall & John Oates (1982)
H2O

¿Qué hace una chica como tú en un sitio como éste?
Burning (1979)
El fin de la década

Te estoy amando locamente. Las Grecas (1974)
Gipsy Rock

Batman (1966)
Original TV Soundtrack [Nelson Riddle]

Capitulo III.5.

Yakety sax. (The Benny Hill theme) The Benny Hill Show (1963)
[Boots Randolph y James Q. «Spider» Rich]

Yo soy el que espía los juegos de los niños. Los Ilegales (1982)
Los Ilegales

Oh, pretty woman. Roy Orbison (1964)
De: OST Pretty Woman (1990)

I´m into something good. Peter Noone (1988)
The Naked Gun: From the Files of Police Squad! OST
[Herman´s hermits (1964)]

Out of time man. Mano Negra (1991)
King of Bongo

Up on the hill (Schmoove instrumental. Hidden Track) Fun lovin Criminals (1999)
Mimosa

Unbelievable. EMF (1990)
Schubert Dip

Dalai Lama. Estrogenuinas (2013)
De Guijuelo a Wisconsin

En el espejo. Sôber (2001)
Synthesis

No rain. Blind Melon (1993)
Blind Melon

Batman (1966)
Original TV Soundtrack. [Nelson Ridle]

Capitulo III.6.

Zorba´s dance. Zorba the Greek OST (1964)
Mikis Theodorakis

You spin me round (like a record). Dead or alive (1985)
Youthquake

Trouble. Shampoo (1994)
We are shampoo

Waiting room. Fugazi (1988)
Fugazi

Batman (1966)
Original TV Soundtrack. [Nelson Ridle]

Fotonovela. Iván (1984)
Fotonovela [L.G. Escolar]

Ella. Viceversa (1994)
Un amigo de verdad

Amor Estratigráfico

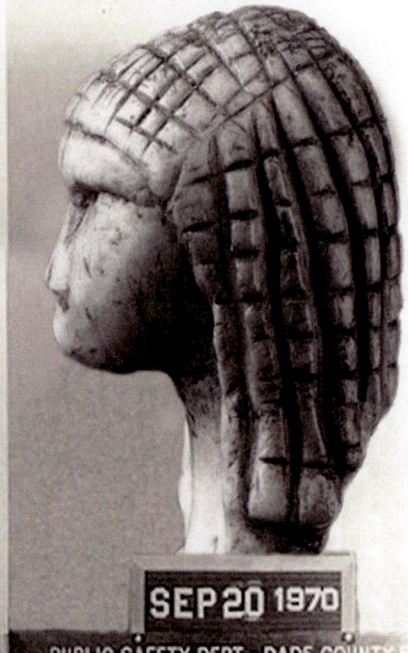

EPÍLOGO

Guillermo Díaz de Liaño del Valle
Nekbet Corpas Cívicos
Enrique Moral de Eusebio

(No) Todo son risas y diversión: el sufrimiento durante el trabajo de campo arqueológico

El sufrimiento

Este texto no es un artículo científico. Por esta razón, las autoras nos hemos tomado la libertad de evitar tanto el uso de un lenguaje academicista, como el de argumentos excesivamente profundos o farragosos. También hemos tratado de citar solo aquellos trabajos e investigaciones que consideramos verdaderamente pertinentes, para agilizar y facilitar la lectura del texto. Pese a estas libertades formales, consideramos que este escrito sigue siendo valioso, ya que aborda un tema importante, sugiere una metodología para estudiarlo y presenta algunos de los resultados preliminares que estamos obteniendo en nuestra investigación.

Pese al tono ligero que pretendemos darle al texto, lo primero es lo primero: ¿qué es el sufrimiento?

De todas las definiciones y modelos que existen en el mundo de las Humanidades y de las Ciencias Sociales, para nosotras el más acertado y útil es el desarrollado por el antropólogo psiquiátrico norteamericano James Davies (2012).

Para él, la noción de sufrimiento es amplia y engloba desde las (más leves) sensaciones de desasosiego, estrés o inseguridad, hasta niveles (todavía más) peligrosos, como el de la depresión. En palabras de Davies, el sufrimiento se produce por la incapacidad que las personas tenemos para «cumplir», «combinar» o «gestionar» dos tendencias: la tendencia hacia la conformidad y la tendencia hacia la realización.

La primera de ellas, la tendencia hacia la conformidad, es la que nos lleva a querer encajar en el contexto sociocultural en el que nos encontramos, y puede a su vez dividirse en categorías más genéricas y amplias (por ejemplo, actuar tal y como se espera de nosotros en nuestra familia, en nuestro grupo de amigos, entre los votantes de nuestro partido político...) o más contextuales y específicas (tener el comportamiento de un arqueólogo de campo, formar parte del paradigma dominante en nuestra institución...). Así, el análisis de cuáles son las tendencias hacia la conformidad que nos afectan nos permite entender los «ideales de conformidad» que existen en un contexto, que vienen a ser una guía-no-oficial de lo que tenemos que hacer, decir y hasta pensar para encajar con éxito entre nuestros semejantes.

Por otro lado, el deseo de obtener éxitos y de mejorar nuestra situación constituye para Davies la tendencia a la realización[1]. Nuestra búsqueda de reconocimiento puede abarcar diversas esferas, desde el éxito académico en sus diversos grados y variantes, que sería un logro a largo plazo, hasta la realización personal a corto plazo mediante pequeñas tareas (destinadas, por ejemplo, a obtener el reconocimiento de nuestros pares y superiores durante el trabajo de

---

[1] Un aviso necesario: las tendencias hacia la conformidad y la realización son siempre históricas, contextuales y personales, ya que en gran medida dependen del contexto cultural en el que nos encontremos. De hecho, no parece descabellado señalar que la tendencia hacia la realización, en su formulación actual, es un producto de esa fantasía de la individualidad que Almudena Hernando (2018) explica.

campo). Si, en el caso de la tendencia a la conformidad, existían los «ideales de conformidad», ahora para la tendencia a la realización tenemos los «ideales de realización», que se pueden analizar para entender las pautas específicas de realización personal que existen en nuestro campo profesional y disciplinar[2].

Cuando alguna de estas dos tendencias no se cumple o cuando el cumplimiento de ambas nos sitúa en una contradicción, dice Davies, se produce el sufrimiento. De acuerdo con este modelo, entonces, un estudio sobre el sufrimiento en arqueología debe tener en cuenta estas dos tendencias, que se manifiestan en la práctica en torno a los ideales de conformidad y realización que acabamos de mencionar.

El sufrimiento en el trabajo de campo arqueológico

¿Para qué sirve todo esto? La verdad es que un modelo psicológico como el que acabamos de exponer, además de forma simplificada, no nos dice nada muy interesante. No supone ninguna novedad afirmar que existe sufrimiento en el trabajo de campo arqueológico. De hecho, muchas estaréis de acuerdo en que un punto de sufrimiento, o al menos de pasarlo mal, forma parte del proceso de llegar a ser arqueólogo, casi un rito de paso profesional. ¿Quién no ha sufrido, en mayor o menor medida, porque hace mucho calor o un tiempo lamentable en la excavación, porque quien dirige el trabajo es un inútil e incompetente o porque aquel compañero con el que compartimos el adverso clima y el trabajo intenta escaquearse de éste constantemente?

---

[2] Otro aviso importante: Una buena parte de nuestras lectoras estarán pensando que sus ideales de realización o de conformidad no vienen dados por la disciplina, sino que son personales, que sólo ellos los tienen, debido a su propia biografía y trayectoria... cada una es libre de pensar lo que crea. Aquí pensamos que, aunque cada uno nos adaptamos más o menos a ella, es la práctica disciplinar la que nos «impone» estos ideales.

A menudo no hay más alternativa que tragar. Se aguanta y se van sumando historietas, «batallitas», que poder contar a nuestros compañeros en esta o en futuras excavaciones. Cada batallita es un «yo estuve allí», un nuevo galón en nuestra pechera arqueológica, un sello de autoridad y autenticidad, de veteranía, que se discute frecuentemente con los colegas de profesión en diversos contextos.

El párrafo que acabas de leer es muy peligroso: si nada en él te ha llamado la atención, si no te has removido en la silla, esto quiere decir que, o bien no has experimentado demasiado sufrimiento en las excavaciones a las que has asistido (por suerte), o bien has interiorizado estos ideales profesionales con tanto éxito que has terminado por naturalizar, normalizar, el sufrimiento que implican. Aquellas personas que son capaces de tirar de resiliencia, de apretar la mandíbula y seguir trabajando, son las que, por lo general, son capaces de encajar en los ideales de conformidad y realización de nuestra profesión. Y por eso es importante estudiar estos ideales, porque cuando somos capaces de cumplirlos no parecen gran cosa, son casi naturales y lógicos... Pero están filtrando quién puede tener éxito en la profesión, y quién no. Para mucha gente dentro de nuestra profesión, no todo el mundo debería dedicarse a la arqueología. Y hasta cierto punto, tiene sentido. Hace falta establecer una serie de criterios de calidad, no cualquiera puede ser una buena arqueóloga de campo o un buen profesor de universidad... Pero un análisis de nuestros ideales de conformidad y realización mostrará, sin duda, que dichos criterios están basados en estereotipos arbitrarios, fruto de un romanticismo decimonónico, enmarañados a su vez en redes de poder profundamente sexistas y clasistas.

¿Por qué es útil estudiar el sufrimiento, entonces? Hay dos motivos principales. El primero es más cercano e inmediato: todas hemos visto sufrir a compañeras en excavaciones o hemos experimentado internamente ese sufrimiento. Parece humano concluir que ninguna profesión debería tolerar la existencia de un sufrimiento que vaya más allá de lo «estrictamente necesario». Y la forma perfecta de evitar estos fenómenos es mediante su identificación, visibilización, y seguimiento. Y aquí viene el segundo motivo: nuestras prácticas de conformidad están empobreciendo la profesión. Al funcionar como mecanismo de regulación de qué personas se convierten en profesionales de la arqueología, se está dejando fuera a gente que sin duda podría contribuir a la disciplina. Y esta dinámica es peligrosa en la medida en que los discursos históricos se ven afectados por quienes los producimos. Así, cuanto más diverso sea el colectivo, más diversas serán nuestras narraciones sobre el pasado. Igual no es una casualidad que la arqueología se haya centrado en estudiar cuestiones como la guerra, el poder o el cambio económico y tecnológico. Tal vez este fenómeno «inexplicable» tenga algún tipo de conexión con un trabajo de campo en el que los individuos masculinos (en su mayoría blancos, heterosexuales, de clase media, etc.) tienen tradicionalmente mucho más éxito que los femeninos. Y es cierto que una cosa es el trabajo de campo y otro el éxito académico... Pero también lo es que ambos elementos están relacionados: en los proyectos de campo no solo se «descubren» cosas, también se forman grupos de poder e influencia.

Propuesta de estudio del sufrimiento

¿Cómo analizar nuestros ideales de conformidad y realización? Desde aquí proponemos que un acercamiento etnográfico es la mejor opción. La etnografía de la arqueología tiene cierta tradición como subdisciplina. Es cierto que en España ha recibido escasa atención, más allá del estupendo artículo de David González (2013), artículo que, por cierto, nos animó a empezar este proyecto. No obstante, en el mundo anglosajón se han producido considerables publicaciones sobre el tema, entre las que sin duda destaca el artículo de Stephanie Moser (2007) sobre la cultura disciplinar y sus asociaciones con la masculinidad hegemónica.

La etnografía hace posible combinar la entrevista semi-estructurada, que permite a los propios participantes en el trabajo de campo exponer sus opiniones y pensamientos, con la observación participante, con la que podemos observar los comportamientos, interacciones y discursos que se producen mientras se desarrolla el trabajo arqueológico de campo (y contrastarlos con la información vertida en las entrevistas). La observación participante consiste, básicamente, en aprender a hacer, y luego hacer, todo aquello que es considerado necesario para ser parte de un grupo humano en particular. A la hora de hacer observación participante durante el trabajo de campo arqueológico tenemos una ventaja notable: somos arqueólogas, así que, en principio, ya sabemos qué hay que hacer. Al mismo tiempo, entraña un riesgo: como ya sabemos cómo funciona la disciplina, es probable que hayamos normalizado comportamientos y actitudes que sorprenderían, «extrañarían» (usando terminología etnográfica) a personas ajenas a la arqueología. Nos encontramos así ante el riesgo de no convertir en extraño lo que ya nos es familiar.

En cuanto a las entrevistas semi-estructuradas, nos permiten preguntar sobre aquellos temas que consideramos interesantes, dando al entrevistado la oportunidad de contestar con relativa libertad. Además, aunque estas entrevistas siguen un guion de «temas de interés» que queremos revisar, permiten cierta flexibilidad, adaptándonos al fluir de la conversación.

Algunas cosas que nosotras estamos aprendiendo sobre el sufrimiento durante el trabajo de campo arqueológico

Prácticas de conformidad:

En este análisis de cuáles son las prácticas con las que nos adaptamos al ideal de conformidad, vamos a analizar brevemente dos, el humor y la debilidad. Como se verá, ambos elementos están basados en la masculinidad hegemónica.

Entre broma y broma, el machismo asoma:

Esto son testimonios de mujeres que han realizado trabajo de campo. La situación no resultará extraña a nadie que haya participado en una excavación:

«*Las bromas entre él (el técnico de la excavación) y el director... el colegueo machista, en el sentido de: "son todo mujeres aquí, todas para nosotros, la mitad para ti y la mitad para mí"*»
(Entrevista a Virginia, 24 años)

«*Lucía: Luego nos hacíamos bromitas cuando llevábamos los cubos porque, ya sabes, yo no tengo fuerza; bueno, hasta hace unos meses, no tenía nada de fuerza hasta que empecé a ir al gimnasio [...] pero siempre me esforzaba en llevar la carretilla y los cubos, a pesar... porque tengo una neura, soy muy cabezota y siempre me empeño en demostrarme que puedo más. Y llevaba los cubos: "anda, llévalos, aunque seas mujer" [...] Siempre nos hacíamos bromas, pero siempre había esa tensión, ahí debajo...*»
Entrevistadora: *¿Crees que fue casual el hecho de que fuerais todas mujeres?*

Lucía: *No, no, no. Además, él lo dijo: me lo he repartido (los turnos de trabajo) para teneros a vosotras (en mi cata) estas dos últimas semanas».*

(Entrevista a Lucia, 24 años)

«*Cuando estábamos trabajando [...] hacía bastante calor, e íbamos bastante ligeras de ropa, y el director básicamente se dedicaba a mirar, poca indicación te daba. Luego, en la casa que compartíamos, había un acoso constante. Nos estaba invitando de manera muy repetitiva, muy reiterada y muy pesada, con "venid conmigo a mi habitación a dormir esta noche"».*

(Entrevista a Ana, 25 años)

Todos estos comentarios fueron realizados, probablemente, en tono jocoso. En varios de ellos había testigos presentes que se rieron de la ocurrencia. Incluso, algunas de las personas que sufrieron los comentarios se rieron ante ellos. Un análisis de la relación entre humor y sexismo requeriría una investigación completa, y seguramente proporcione material para un par de tesis doctorales. Sin embargo, aquí nos limitaremos a señalar que este humor es habitual en las excavaciones arqueológicas, y aquellas personas que quieren tener éxito en el trabajo de campo, se ven forzadas a aceptarlo. Si quieres ser una más del grupo, tienes que reírte de lo que el grupo se ría, aunque ese humor esté basado en convertirte en la propiedad (con un carácter claramente sexual) de alguien o en mencionar que tus características físicas te hacen alguien poco menos que inútil para el trabajo.

El tabú de la debilidad:

Directamente relacionada con la dimensión eminentemente masculina del trabajo de campo, el esfuerzo físico juega también un rol preeminente como práctica de conformidad.

El trabajo físico no solo requiere potencia muscular, también requiere resistencia al esfuerzo, a las temperaturas, y, muy especialmente, la capacidad de sufrir en silencio. No sólo es necesario ser capaz de trabajar duro, sino que es necesario ser capaz de hacerlo sin quejarse, aunque nuestro sufrimiento sea considerable y debido a circunstancias como enfermedades o lesiones. La queja debido al esfuerzo físico es tolerable sólo en la medida en que acredita nuestra presencia en el campo, y ya que sirve como mecanismo que certifica nuestra veteranía, sólo puede producirse después.

Durante nuestra observación participante en la *excavación Y*, Irene, una estudiante de arqueología a punto de graduarse, estaba considerablemente enferma. Estaba débil, y trabajar bajo el sol no contribuía, lógicamente, a que se recuperase. No obstante, era una de las personas menos veteranas en la excavación, y según su propio testimonio, «tenía que demostrar que es buena trabajadora». Por un lado, su salud empeoraba a medida que ella forzaba la situación, hasta el punto de que sufrió mareos y tuvo que dejar de trabajar en varias ocasiones. Sus compañeros de cata, hombres que en su mayoría conocían la situación, procuraban decirle que no trabajase, pero ella interpretó que había un paternalismo claro en sus consejos, y se ofendió considerablemente. Al mismo tiempo, sus compañeras de habitación, varias chicas, estaban cada vez más enfadadas con ella, porque debido a su enfermedad, no les deja dormir bien por la noche (tenían que cuidarla, porque vomitaba y tenía fiebre). Según ellas, Irene no se estaba esforzando para ponerse bien, y su cabezonería estaba haciendo que toda la excavación, que era bastante pequeña, fuese a peor. Al mismo tiempo, ante las críticas de sus compañeras de habitación, que la cuidaban, y de sus compañeros de cata, que le sugerían de forma condescendiente que descansase, Irene tenía cada vez más presión, y debía demostrar que no era débil. Como es lógico imaginar, la situación iba cada vez a peor, en un proceso que se retroalimentaba. Obviamente, la culpa no era ni de Irene, ni de sus compañeros de cata, ni de sus compañeras de habitación; el verdadero problema aquí es que existe un ideal de rendimiento físico, que ni siquiera ha sido verbalizado, al que Irene no podía aspirar por motivos de salud. Nadie dijo que Irene no estuviese trabajando, pero, de alguna manera, ella sentía que tenía mucho que demostrar, y que su trabajo no era suficiente. El problema aquí es el ideal de conformidad.

El tabú de la menstruación

En línea con esa necesidad de demostrar la capacidad física y ocultar toda señal de sufrimiento o debilidad, la menstruación es otra cuestión sumamente interesante. Por un lado, parece lógico pensar que, dado que la menstruación no es un fenómeno naturalizado y normalizado para gran parte de la población masculina de nuestra sociedad, tampoco lo es dentro de las excavaciones arqueológicas. Incluso, se puede aducir que dada la preeminencia de la masculinidad hegemónica ostenta en los ideales sobre el trabajo de campo arqueológico, la menstruación está todavía más invisibilizada que en otros contextos. Pero a ello se suma un elemento más, que es la necesidad de no mostrar debilidad antes las dificultades. Es por ello que la menstruación es considerada aún más como un elemento tabú, en la medida en que no solo no está vista como algo normal por muchos individuos masculinos, sino que además supondría una muestra de debilidad, por lo que las arqueólogas mujeres frecuentemente trabajan sufriendo sus efectos en silencio:

> «Normalmente, cuando tienes que hablar entre chicas de la menstruación, tiende a ser: "¿tienes un tampón?" (en voz baja). Así, siempre, muy, muy en secreto. Te tienes que acercar sigilosamente a una chica y decirle:

"¿tienes una compresa o un tampón?" Como si te diese vergüenza».

(Entrevista a Ana, 25 años)

«He visto a compañeras tener que pasarse los tampones o las compresas como si fuese cocaína, como si fuese droga. Y es un tema del que no [se] habla».

(Entrevista a María, 30 años)

Prácticas de realización:

Las prácticas de realización son importantes en la medida en que generan un retorno positivo: nos avisan de que estamos haciendo algo bien. Al mismo tiempo, la imposibilidad de cumplir ese ideal de realización produce sufrimiento, cuyo análisis nos puede mostrar lo nocivas que son nuestras prácticas.

El derecho a pico

Señalar que la cultura material tiene una importancia fundamental a la hora de configurar identidades de género no es novedoso. En el caso de la arqueología, nuestra investigación nos está mostrando, por ejemplo, la centralidad del pico a la hora de construir la identidad del arqueólogo de campo. El pico es una herramienta activa, que genera cambio visible en la cata, y que además permite (y según algunos, requiere) exhibir poderío físico.

«Ramón: Y luego recuerdo una tía que era así como que estaba muy metida, o empezaba a estar muy metida, en el mundo del fitness, así como fuerte, y como que ésta siempre estaba reivindicando su papel, de que era una mujer pero sabía picar mejor que el resto. Y como que ésta se metía mazo con los chicos, en plan de "joder, yo pico mucho mejor que vosotros, y soy mujer".

Entrevistadora: O sea, ¿se metía con ellos porque no la dejaban picar?

Ramón: No, ésta tenía su pico incondicional, porque se había ganado su derecho por picar mejor que el resto, ¿sabes?

Entrevistadora: Se metía con los chicos por ser mujer y picar mejor, ¿no? ¿Y a ti, eso, te ha pasado alguna vez por lo que decías de ser delgado? ¿Haberte esforzado más, o hacer algo por ganar ese "derecho a pico"?

Ramón: A ver, yo sentía que había toda una competición en torno al pico, y como una lucha por la masculinidad».

(Fragmento de entrevista a Ramón, 22 años)

El vermut y hacer la compra: ¿Castigo o premio?

La misma actividad puede ser entendida como castigo y como premio. En la *excavación X*, prácticamente a diario se visita el supermercado y se va a «hacer recados». Estos recados implican, por un lado, la realización de labores como comprar suministros varios o visitar a autoridades y burócratas varios, pero también incluyen, inevitablemente, tomar un vermut en la plaza del pueblo. Generalmente, la actividad se realiza a media mañana, hacia las 11 (tras haber trabajado unas 2-3 horas), y concluye con la vuelta a la excavación, hacia las 14, la hora de comer. Para esta actividad se eligió mayoritariamente a mujeres durante el periodo observado, con un total de 12 viajes de recados documentados, de los cuales 9 fueron realizados por el director de la excavación, acompañado de alguna mujer del equipo, mientras que, en las restantes 3 ocasiones, el director llevó al observador con él. La actividad de hacer la compra era percibida por las mujeres que participaron en ella como una dinámica claramente sexista, en la que la mujer es alejada del trabajo físico para realizar una actividad tradicionalmente femenina. No obstante, otros miembros del equipo que no tuvieron la oportunidad de participar en esta actividad, y que eran hombres, la entendieron de forma totalmente contraria, como una «recompensa» a la que ellos no tenían acceso, y su castigo era quedarse trabajando en las peores horas del día mientras otras personas del equipo se tomaban un aperitivo, ignorando deliberadamente la otra dimensión del viaje, que es la de comprar víveres.

¿Conclusión?

Estos casos revelan cómo los ideales de conformidad y realización que afectan a la Arqueología están inmersos en redes de poder sexistas y estrechamente ligadas a la veteranía. Con este proyecto, lo primero que queremos lograr es reconocer qué ideales, qué expectativas y potencialidades definen quién vale y quién no para el quehacer arqueológico. Una vez reconocidos, pretendemos identificar cuáles de ellos son injustos, cuáles generan mayor sufrimiento entre los arqueólogos y arqueólogas, para poder visibilizarlos (junto a las situaciones de opresión y discriminación que conllevan) y denunciarlos. Solo así seremos capaces de cambiarlos en un futuro, de sustituirlos por otros más justos, inclusivos, que en definitiva generen el menor sufrimiento posible entre las personas que nos dedicamos a la Arqueología.

BIBLIOGRAFÍA

ABAD CASAL, L.; GUTIÉRREZ LLORET, S.; SANZ GAMO, R.; (1999): *El Tolmo de Minateda. Una historia de tres mil quinientos años*. Junta de Comunidades de Castilla La Mancha, Toledo.

ALMANSA SANCHEZ, J.; (Ed) (2011): *El futuro de la Arqueología en España*. JAS Arqueología Editorial.

ALMANSA SANCHEZ, J.; (Ed) (2013): *Arqueología pública en España*. JAS Arqueología Editorial.

ANDERSON, Poul; (1991): *La patrulla del tiempo*. Punto de lectura. Suma de letras, S.L. 2003.

ARCAND, Bernard; (1991): *El jaguar y el oso hormiguero. Antropología de la pornografía*. (Trad. de Pablo Betesh) Ed. Nueva visión. Colección Cultura y sociedad. Buenos Aires.

ARNOLD, Nick; (2001): *Esa gran Cultura 9. Esa fascinante Arqueología*. Ed. Molino. Barcelona.

ASENSIO, M.; POL, E.; (2008): "Conversaciones sobre el aprendizaje informal en museos y el patrimonio". En FERNANDEZ BETANCORT, Heredina, (ed) (2008): *Turismo, patrimonio y Educación. Los museos como laboratorios de conocimientos y emociones*. Escuela de turismo de Lanzarote. Pp. 21-60.

ASIMOV, Isaac; (1950): *Un guijarro en el cielo*. Ed. Martinez Roca, Super Ficción num. 106. Barcelona, 1987.

ÁVILA JALVO, José Miguel; (2002): "Análisis constructivo del Puente Mayor de Salamanca". *Salamanca Revista de estudios 48*. Ed. Diputación de Salamanca. Pp. 51-79.

AYÁN VILA, Xurxo; (2015): *Altamira vista por los españoles*. JAS Arqueología S.L.U.

AYARGÜENA SANZ, Mariano; MORA RODRIGUEZ, Gloria: (2004): Pioneros de la Arqueología en España. Del siglo XVI a 1912. Zona Arqueológica 3. MAR.

BALLART, J.; (1997): *El patrimonio Histórico y Arqueológico. Valor y uso*. Ed. Ariel. Barcelona.

BALLART, J.; JUAN i TRESSERAS, J.; (2001): *Gestión del Patrimonio Cultural*. Ed. Ariel. Barcelona.

BARLEY, Nigel; (1989): *El antropólogo inocente*. Ed. Anagrama. Barcelona.

BATE, Luis Felipe; (1998): *El proceso de investigación en Arqueología*. Ed. Crítica. Barcelona.

BAUDELAIRE, Charles; (1857): *Las flores del mal*. Biblioteca edaf de bolsillo 9. (Trad. de Ángel lázaro) Madrid. 1982.

BAUDELAIRE, Charles; (2010): *Los Paraísos artificiales / El vino y el hachís / La Fanfarlo*. (Trad. E. Lopez castellon). Clásicos de la Literatura. Edimat Libros. S.A. Madrid.

BAUMOL, W.J.; OATES, W.E.; (1972): The cost disease of the personal services and the quality of life. Skandinaviska Enskilda Baken Quarterly Review, 2, 1972, págs. 44-54. (La enfermedad de costes de los servicios personales y la calidad de la vida < http://www.uv.es/villarre/transparencias/Hacienda%20Publica/Lecturas/BAU_OATE.pdf>)

BERLANGA PALOMO, Mº. José; (2001): "La enseñanza de la Arqueología en el siglo XIX: De las cátedras de castellanos de Losada a la introducción de los estudios universitarios". Anales de arqueología cordobesa 12, 2001, Pp. 13-33.

BERNI MILLET, Piero; GARCÍA VARGAS, Enrique; (2012): Dressel 20 (Valle del Guadalquivir), *Amphorae ex Hispania. Pai-*

sajes de producción y de consumo. <http://amphorae.icac.cat/tipol/view/1>

BEYLE, Henry [STENDHAL]; (1970): *Obras completas*. Ed. Aran.

BINFORD, Lewis R.; (1983): En busca del pasado. Ed. Crítica. Biblioteca de bolsillo, 106.

BOULLE, Pierre; (1963): El planeta de los simios. (Trad. De E. Folch) Círculo de lectores. 2001.

BREUIL, Henri; (1952): *Quatre cents siècles d'art pariétal. Les cavernes ornées de l'âge du renne.* Montignac, Centre d'Études et de Documentation Préhistoriques.

CARANDINI, Andrea; (1981): *Storie dalla terra. Manuale dello scavo archeologico.* Bari. (Trad. sp.: Historias en la tierra, Manual de excavación arqueológica, Barcelona 1997).

CARTER, Howard; (1954): *La tumba de Tutankhamon*. Biblioteca de Historia, 9. Ed. Orbis.S.A.

CASTRO MARTINEZ, Pedro V. et *Alii*; (1996): "Teoría de las prácticas sociales". *Complutum* extra, 6 (II), 1996. Homenaje al profesor Manuel Fernández Miranda. Pp. 35-48.

CERAM, C.W.; (1949): *Dioses, tumbas y sabios*. Booket 3177. Destino.

CERAM, C.W.; (1966): *El mundo de la Arqueología*. db 962. Destino.

CHRISTIE MALLOWAN, Agatha; (1946): Ven y dime como vives. 1987.

CICERON, Marco Tulio; (1994): Catilinarias. [Trad. Juan Bautista Calvo] Editorial planeta. < http://dspace.universia.net/bitstream/2024/459/1/Ciceron-Catilinarias.pdf>

COLUBI, Pepe; (2008): *California 83*. Booket 2422. Espasa Libros S.L.U.

COMENDADOR REY, Beatriz; (2013): "Consumo y *mass media*. La imagen especular del pasado en la cultura popular" En ALMANSA SANCHEZ, J. (ED) (2013) *Arqueología pública en España*. JAS Arqueología. Pp. 115-132.

COMENDADOR REY, Beatriz; (2014): "Al otro lado de la Universidad: Aportaciones a un modelo de Humanismo mejorado". La descomunal. Revista iberoamericana de patrimonio y comunidad. Monografik Uno. Año 1 sept 2015. Actas/proceedings sOpA´13 Vol II. Pp. 31-56.

CUERVO, Alejo; (1993): Extractos de la Enciclopedia galáctica. Círculo de lectores.

DANIEL, Glyn; (1967): Historia de la Arqueología. De los anticuarios a V. Gordon Childe. Alianza Editorial 521.

DAVIES, James; (2012): The importance of Suffering. The Value and Meaning of Emotional Discontent. London. Routledge.

DEARY, Terry; (1999): Esa horrible Historia 8. Esa salvaje edad de piedra. Ed. Molino. Barcelona.

DELIBES, Miguel; (1985): El tesoro. Ed. Destino. Col. Áncora y delfín volumen 590.

DIAMOND, Jared; (2005): Colapso. Debolsillo, 177. 2009.

DOMINGO, I.; BURKE, H.; SMITH, C.; (1994): Manual de campo del arqueólogo. Ariel prehistoria. 2007.

DOMINGUEZ ALONSO, Rosa María; (2011): "De aquellos barros, estos lodos". En ALMANSA SANCHEZ, J.: (ED) (2011): El futuro de la Arqueología en España. JAS Arqueología. S.L.U. Pp. 73-78.

ENGUIX ALEMANY, Rosa; (1995): "La difusión de la arqueología: la puesta en valor de los yacimientos arqueológicos". Extremadura arqueológica V. Homenaje a la Dra. Dª. Milagro Gil-Mascarell Boscá. Cáceres-Mérida.

FALQUINA APARICIO, A.; MARIN SUAREZ, C.; ROLLAND CALVO, J.; [Grupo Arqueológico Tierra de nadie] (2006): "Arqueología y práctica política. Reflexión y acción en un mundo cambiante". Arqueoweb 8(1) abril. 2006. < http://pendientedemigracion.ucm.es/info/arqueoweb/pdf/8-1/falquina.pdf>

FATAS, Guillermo, BORRAS, Gonzalo M.; (1988): *Diccionario de términos de arte y elementos de arqueología, heráldica y numismática*. Alianza ed. Madrid.

FERNANDEZ ARENAS, J.; (1999): *Introducción a la conservación del patrimonio y técnicas artísticas*. Ed. Ariel Historia del Arte. Barcelona.

FERNANDEZ IBAÑEZ, Carmelo; (1990): *Recuperación y conservación del material arqueológico "in situ"*. Asociación profesional de arqueólogos de Galicia. Tórculo Edicións.

FERNANDEZ MARTINEZ, Víctor M; (1997): "Desenterrando la risa: una aproximación a la arqueología y el humor". *Complutum 8*. Pp. 335-368.

FOLEY, R.; (1981): "Off-site archaeology: an alternative approach for the short-sited" en HODDER, I.; HAMMOND, N.; ISAAC, G.; (Eds): *Pattern of the past: Essays in honour of David I. Clarke*. Cambridge. University press. Pp. 157-183.

FRAGUAS DE PABLO "FORGES", Antonio; (1980): *Historia de aquí por Forges. 1*. Ed. Bruguera. Barcelona.

FRANCH, José Alcina; (Coord.) (1998): *Diccionario de Arqueología*. Alianza Editorial.

FRIGOLI, Riccardo; (2010): *Las excavaciones de R´lyeh*. AHIA: Colección Arqueología Pública nº 1. JAS Editorial.

GAMBLE, Clive; (2002): *Arqueología básica*. Ariel prehistoria.

GARCIA HERNANDEZ, Juan I.; (2012): Etnografía urbana modernista en Salamanca: La "falsa" baldosa hidráulica de Gaudí.

GARCIA HERNANDEZ, Juan I.; (2012): *Mea culpa* de un arqueólogo de Gestión.

GARCIA HERNANDEZ, Juan I.; (2013): [Videoarte] Arqueoart. (V)idearium. [Videoarte] Recuperado de http://www.youtube.com/watch?v=_U20d3Z54DY&feature=youtu.be . Texto recuperado de http://www.academia.edu/3079341/ARQUEOART._V_idearium._Revelando_preguntas_

GARCÍA HERNÁNDEZ, Juan I.; (2013): "Sensitive Cultural Management Experience the Heritage through the five senses". *Archaeological Research & Ethnographic Studies*, nº1 Pp. 23-31.

GARCÍA HERNÁNDEZ, Juan I.; (2014): "Gestión Cultural Sensitiva. Experimentar en Patrimonio por medio de los 5 sentidos, el proyecto (V)idearium y la teoria Tempura". en *TEJUELO. Revista de Didáctica de la lengua y la literatura*. Año VII. (Enero 2014). Actas propuestas (vol I). sOpA´13. I Congreso internacional sobre educación y socialización del patrimonio en el medio rural. Monográfico, nº 9 (2014), Pp. 269-285.

GARCÍA HERNÁNDEZ, Juan I.; (2014): *Amor Estratigráfico. La radionovela arqueológica*. Cap. 1. Ed. JAS Arqueología. Madrid.

GARCIA HERNANDEZ, Juan I.; (2014): Arqueoart. Message in da bottle. [Videoarte] Recuperado de https://www.youtube.com/watch?v=CJjthmUzy38&list=UUUwJGPehoooKi-V0Trbawx8g

GARCÍA HERNÁNDEZ, Juan I.; (2015): "Apuntes olvidados y la arqueología del Humor: Curiosidades de la ciencia de la Información en la prensa local de Salamanca". *Revista Arkeogazte*. Actas JIA. Arqueologías sociales, Arqueología en sociedad. Actas de las VII Jornadas de Jóvenes en Investigación Arqueológica. Pp. 198-208. Ed. JAS Arqueología. Vitoria-Gasteiz.

GARCÍA HERNÁNDEZ, Juan I.; (2015): *Amor Estratigráfico. La radionovela arqueológica*. Cap. 2. Ed. JAS Arqueología. Madrid.

GASPAR, Gabriel; (1887): *El Anacronópete. Viaje a China-Metempsicosis*. Trasantier. 2014.

GONZALEZ ÁLVAREZ, David, (2013): "Las «excavaciones de verano»: forjando superarqueólogos fácilmente precarizables". *Revista Arkeogazte*, 3. 2013. Pp. 201-219.

GRANDE TUREGANO, Fernando, MARRA GUERRERO, Ángel Mª, MENDOZA JIMÉNEZ, Montaña, TEIXIDOR de la CONCHA, Enrique; (2002): "Aplicación de las nuevas tecnologías en la divulgación del patrimonio". *Mérida. Ciudad y Patrimonio. Revista de arqueología, arte y urbanismo nº 6.* Pp. 275-278.

GRÄNDERBERGEN, Gordon; *(1987)*: "Usurpación medieval de nomenclatura latina bajo el estudio de cerámica medieval vascuence: un ejemplo esclarecedor de la dicotomía entre dos pueblos". En ZOZAYA, Juan (Eds): *II Coloquio Internacional de Cerámica Medieval en el Mediterráneo Occidental* (Toledo, 1981).

GUERRA GARCIA, Pablo; (2012): *El Hallazgo. La historia ficticia real de un arqueólogo real ficticio.* JAS Arqueología editorial.

HARRIS, Edward C.; (1991): *Principios de estratigrafía arqueológica.* Crítica.

HERNANDO, Almudena; (2018) [2012]: *La fantasía de la individualidad. Sobre la construcción sociohistórica del sujeto moderno.* Madrid. Traficantes de Sueños.

HERNANDEZ DESCALZO, Pedro J.; (1997): "Luces, cámara, ¡acción!: Arqueología, toma 1" *Complutum 8.* Pp. 311-334.

HERRERO MENOR, A.; (2013): "Arqueología del nacionalismo en el Estado Español. Una aproximación desde la periferia". En ALMANSA SANCHEZ, J. (ED) (2013) *Arqueología pública en España.* JAS Arqueología. Pp. 133-150.

HOMERO. (1954) *La ilíada.* (versión directa y literal del griego por Luis Segalá y Estalella) Colección austral. Nº1207. Espasa calpe.

HUXLEY, Aldous; (1932): *Un mundo feliz.* DeBolsillo.

ICCROM: (1985): *La conservación en excavaciones arqueológicas.* Ministerio de Cultura. Dirección General de Bellas Artes y Archivos.

JOHNSON, Matthew; (2000): *Teoría arqueológica. Una introducción.* Ariel Historia.

JULIO CESAR: (1986): *Bellum Gallicum. La guerra de las Galias. Con las notas de Napoleón.* (Trad. Directa del latín: José Goya Muniáin & Manuel Balbuena). Ed. Orbis. S.A. Barcelona.

KLEJN, Leo S.; (1993): *La Arqueología soviética. Historia y teoría de una escuela desconocida.* Ed. Critica/Arqueología.

LAMBOGLIA, N.; (1952): "Per una classificazione preliminare della ceramica campana". *I Congreso di Studi Liguri (1950):* Pp. 139-206.

LLORET MARÍN, Tomás; (2003): *Técnicas audiovisuales en arqueología. Una introducción para su aplicación práctica.* (CD-ROM). Universidad de Sevilla. Secretariado de recursos audiovisuales y nuevas tecnologías.

MARIN AGUILERA, Beatriz; (2011): "La arqueología hoy: Entre la academia y la profesionalización". En ALMANSA SANCHEZ (Ed) (2011): *El futuro de la Arqueología en España.* JAS Arqueología Editorial. Pp. 145-150.

MARIN SUAREZ, C.; AYÁN VILA, X.; COMPAÑY, G.; GONZALEZ RUIBAL, A.; (2013): "El blog «Arqueología de la Guerra Civil». Un proyecto entre la ética y la estética" En ALMANSA SANCHEZ, J. (ED) (2013) *Arqueología pública en España.* JAS Arqueología S.L.U. Pp. 419-438.

MARTINEZ MARTINEZ, C.; (2013): "El uso de las nuevas tecnologías para la difusión de la arqueología". En ALMANSA SANCHEZ, J. (ED) (2013) *Arqueología pública en España.* JAS Arqueología. Pp. 377-388.

MARX, Groucho; (1983): *Las cartas de Groucho.* 1967.

MASETTI BITELLI, Luisa; (coord) (2002): "Arqueología. Restauración y conservación". *Arte y restauración* 9. Ed. Nerea. Madrid.

MERILLAS FONTAL, Olaia; (2002): "Procedimientos educativos para valorar el patrimonio cultural" *Mérida. Ciudad y Pa-*

trimonio. *Revista de arqueología, arte y urbanismo n° 6.* Pp. 231-237.

MIRAMBELL ABANCÓ, Miquel; (2016): *Criterios y teorías de la conservación y la restauración del patrimonio artístico a lo largo de la Historia.* Cuaderno de Conservación y Restauración, 1. JAS Arqueología S.L.U.

MOLINOS MOLINOS, M.; SANCHEZ VIZCAINO, A.; GUTIERREZ SOLER, L.; CAÑABATE GUERRERO, M.L.; MONTILLA TORRES, I.; SERRANO PEÑA, J.L.; (1996): *Arqueólogos en la feria (San Lucas, 1991,1992).* Ed. Universidad de Jaén. Colección Martinez de Mazas. Serie Estudios.

MORALES MIRANDA, J.; (1998): *Guía práctica para la interpretación del patrimonio. El arte de acercar el legado natural y cultural al público visitante.* Junta de Andalucía. Conserjería de Cultura.

MOSER, Stephanie; (2007): On Disciplinary Culture: Archaeology as Fieldwork and its Gendered Associations. Journal of Archaeological Method and Theory, vol. 14, No. 3, pp.235-263.

NIVEAU DE VILLEDARY Y MARIÑAS, Ana Maria; (2003): Las cerámicas gaditanas "Tipo Kuass". Bases para el análisis de la Bahía de Cádiz en época púnica. Real academia de la Historia. Madrid.

ORWELL, George; (1949): *1984.* Biblioteca básica Salvat. Libro RTV 78. Alianza editorial, 1970.

POLO ROMERO, Alberto; GARCIA HERNANEZ, Juan I.; DE SANTOS, Estefanía; (2016): "La didáctica del Patrimonio en la Educación no formal y el tiempo libre en la Ciudad de Segovia". *Actas de la IV Jornadas de Jóvenes investigadores del valle del Duero 2014.* Pp. 440-453.

PONSICH, M.; (1968). "Alfarerias de época fenicia y púnico-mauritana en Kuass (Arcilla, Marruecos)". *Papeles del laboratorio de arqueología de Valencia, 4.* Pp. 3-25.

QUEROL, Mª. Ángeles; (1992): "Los mecanismos de protección del patrimonio Arqueológico". *Trabajos de Prehistoria 49*. Pp. 27-34.

QUEROL, Mª. Ángeles; MARTINEZ DIAZ, B.; (1996): *La gestión del Patrimonio Arqueológico en España*. AUT 161. Madrid.

RAMOS SAINZ, Mº. Luisa; GONZALEZ URQUIJO, Jesús Emilio; BAENA PREYSLER, Javier; (ed); (2007): *Arqueología experimental en la Península Ibérica: Investigación, didáctica y Patrimonio*. Asociación Española de Arqueología Experimental. Santander.

RASCON MARQUÉS, Sebastián; (2002): "El mundo en sus manos. O como utilizar las nuevas tecnologías en la difusión del patrimonio arqueológico". *Actas del 2º congreso internacional de musealización de yacimientos arqueológicos*. Museo d´Historia de la Ciutat. Barcelona. Pp. 250-261.

RENFREW, C.; BAHN, P.; (1993): *Arqueología. Teorías, métodos y práctica*. Akal ediciones.

RODRIGUEZ TEMIÑO, I.; (1998): "Nuevas perspectivas en la protección del patrimonio Arqueológico en el medio rural" *Complutum 9*. Pp. 293-310.

RODRIGUEZ TEMIÑO, I.; (2004): *Arqueología urbana en España*. Ed. Ariel. Serie patrimonio. Barcelona.

RODRIGUEZ TEMIÑO, I.; MATAS ADAMUZ, F.J.; (2013): "Arqueólogos contra piteros, piteros contra arqueólogos. Superar una incomprensión". En ALMANSA SANCHEZ, J.; (ed) (2013): *Arqueología pública en España*. JAS Arqueología. Pp. 187-217.

RODRIGUEZ TEMIÑO, Ignacio; (2012*): Indiana Jones sin futuro. La lucha contra el expolio del patrimonio arqueológico*. JAS Arqueología Editorial.

RUIZ ZAPATERO, Gonzalo; (1997): "Héroes de piedra en papel: La prehistoria en el comic" *Complutum 8*. Pp. 285-310.

SADE, Marques de; (1795): *Filosofía en el tocador* (Trad. De Beatriz Vitar. 2011). Clásicos de la literatura. Edimat.

SALUSTIO; (1989): La conjuración de Catilina. [Trad. Manuel C. Díaz y Díaz]. Ed. Gredos.
SAN JOSÉ BELTRÁN, Laia; (2015): *Quienes fueron realmente los vikingos*. Quarentena.
SANCHEZ PALENCIA, F.J; RUIZ DEL ARBOL, Mª.; (2000): "Estructuras agrarias y explotación minera en Lusitania nororiental: La zona arqueológica de Las Cavenes. (El Cabaco, Salamanca)". *Sociedad y Cultura en la Lusitania Romana. IV Mesa redonda internacional*. Mérida. Pp. 343-358.
SANTACANA, Joan; HERNANDEZ, Xavier; (1999): *Enseñanza de la Arqueología y la Prehistoria*. Colección Educación serie materiales 1. Ed. Mileno. Lleida.
SANTONJA, Manuel; (1984): "Los núcleos de lascas en las industrias paleolíticas de la Meseta Española". *Zephyrus XXXVII-XXXVIII*. 1984-85. Ed. Universidad de Salamanca. Pp. 17-34.
SHENANN, S.; (1988): *Arqueología cuantitativa*. Ed. Crítica.
SOLIS KRAUSE, Rubén; (2007): *La cultura de Eros. Antologia ilustrada del libertinaje: todo lo que hay que saber del erotismo a lo largo de la Historia*. Robinbook.
TILDEN, Freeman; (1957): *La interpretación del patrimonio*. Ed. Asociación para la interpretación del patrimonio, 2006.
UNAMUNO, Miguel; (1914): *Niebla*. Ed. Cátedra.
VA.; (1995): *Diccionario ilustrado Latino-Español Español-Latino*. (Prologo de D. Vicente Garcia de Diego). Vox.
VÁRNAGY, Tomas; (2016): *Proletarios del mundo... ¡Perdonadnos!* Clave Intelectual.
VAQUERIZO GIL, D.; RUIZ OSUNA, Ana B.; (2013): "Arqueología somos todos...o la necesidad de (re)inventarse". En ALMANSA SANCHEZ, J. (ED) (2013): *Arqueología pública en España*. JAS Arqueología. Pp. 221-247.
VIDAL MANZANARES, Cesar; (1993): *Diccionario histórico del Antiguo Egipto*. El libro de bolsillo 1635. Alianza editorial.

VILLAR Y MACIAS, Manuel; (1887): Historia de Salamanca.

VIVÓ i CODINA, David; (2015): "Infames y famosos. La seducción del mundo del espectáculo en Roma". En VA. (2015): *Desperta Ferro. Arqueología e Historia nº 2.* Agosto-septiembre 2015. Desperta Ferro Ediciones SLNE. Pp. 34-40.

VIZCAINO ESTEVAN, A.; (2013): "Arqueología y sociedad. Entre el idilio y la incomprensión". En ALMANSA SANCHEZ, J. (ED) (2013) *Arqueología pública en España*. JAS Arqueología. Pp.15-37.

WHEELER, Mortimer; (1954): *Archeology from the earth*. Clarendon Press.

WINCKELMANN, Johann Joachim; (2010) [1764]: Historia de arte en la antigüedad. Ed. Akal, Madrid.

Excipit

ÍNDICE

IN MEMORIAM i
PRÓLOGO 1
INTRODUCCIÓN 3
OTRA INTRODUCCIÓN 9
LA ARQUEOLOGÍA Y LA RADIO 17

ARGUMENTO 33
REALIZACIÓN TÉCNICA DE UNA ARQUEO-NOVELA 37
GÉNESIS 41
TEASER 43
CAPÍTULO 1 44
INTERFACIES I-II 68
CAPÍTULO 2 70
INTERFACIES II-III 120
CAPÍTULO 3 123
PRESENTACIÓN DE PERSONAJES 217
BSO 241

EPÍLOGO 255
BIBLIOGRAFÍA 269

La Radio-arqueo-novela

Y ahora...
Con todos ustedes...
Una selección de memes de...

AMOR ESTRATIGRÁFICO

—Pero entonces, ¿vas a poner algún meme?

—Ni idea tío, lo iré viendo según maquete...

—¡No me jodas! Pues quedarían muy chulos.

—Ya, pero soy pobre... y mira que te aprovechas de mí, que esto lo mandas a Alianza, o a Akal, o alguna de esas y te mandan a tomar por culo.

—Anda tontorrón, si te ha gustado...

—La verdad es que sí, para qué nos vamos a engañar.

> (Unos días después, aletargados por el confinamiento de la COVID-19 ~~y más calientes que un horno de fundición del Hierro II...~~)

—Tío JuanI, deja de meterte en las cosas que escribo...

—jajajajaja

—En serio, que estaba tratando de hacer así como un cierre tonto para el final del libro.

—Pues mejor quedará así, hombre. ¿Qué quieres, como una escena de esas de Marvel de después de los créditos?

—Ostia, pues sí.

—¡El puerto de Roma! jajajajaja

—¡Anda y que te den! Revísalo a ver si está todo en orden. Al final he puesto una selección, que si no se nos va de madre. Y ya que dices lo de Marvel, pues empezamos con comic.

—Me parece perfecto.

—Pues así queda.

—Pues vale.

—¿Siempre tienes que tener la última palabra?

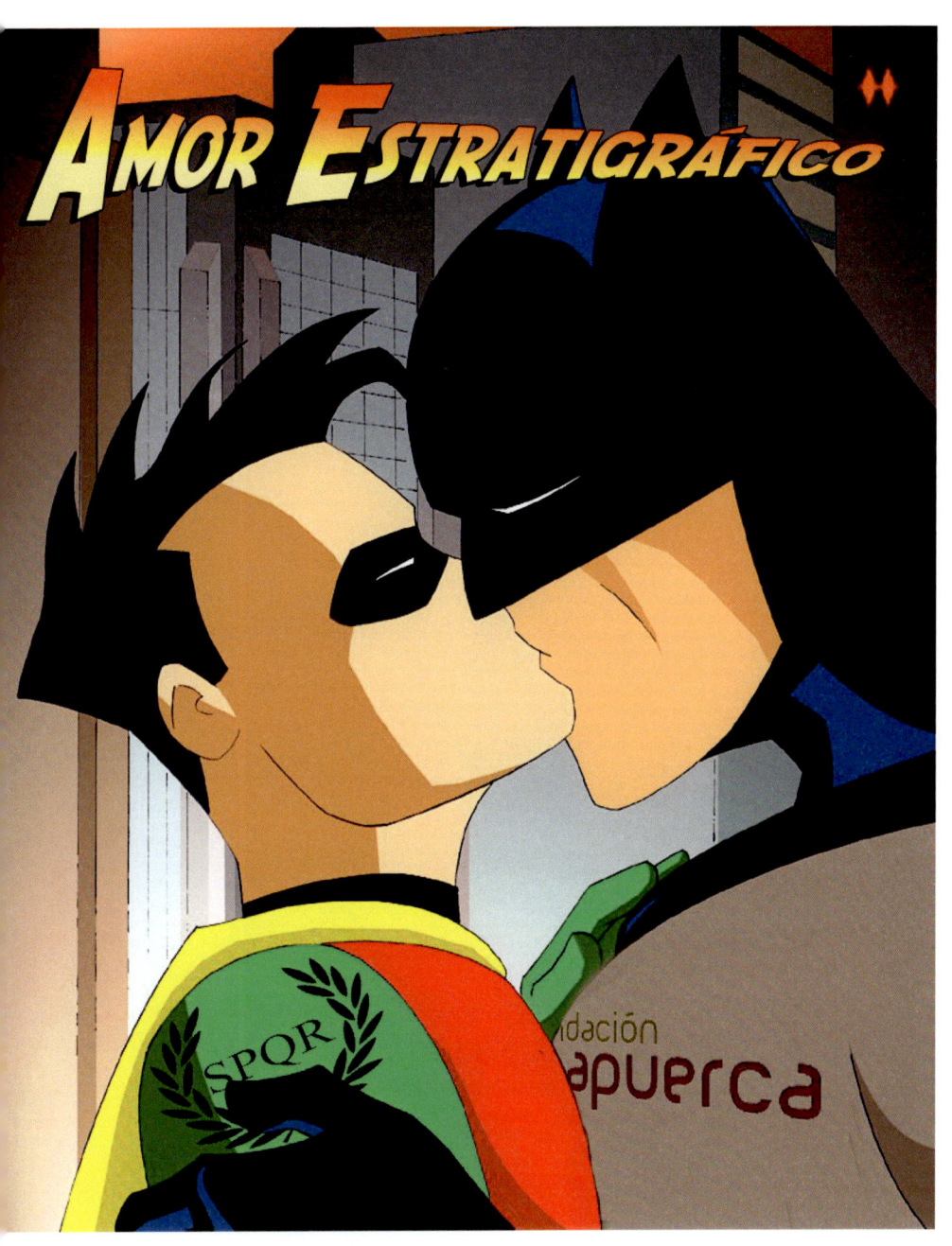

CUANDO LA INVESTIGACIÓN CIENTÍFICA ENCONTRÓ...

AMOR ESTRATIGRÁFICO

...SE HIZO POSTPROCESUALISTA.

EL POSTPROCESUALISMO VA A LLEGAR...!

ARRABAL MEETS AMOR ESTRATIGRÁFICO

Amor Estratigráfico

¿Asi que eres arqueólog@? ¡Que bonito! ¿Excavais dinosaurios? ¿Que es lo mas valioso que has encontrado? ¿Te gusta Indiana Jones? Lo de las piramides, estan hechas por los aliens ¿Verdad? Yo me he leido un libro, bueno, no, era un documental y daban pruebas, porque sino, ¿Cómo han subido ahí esas piedras,.. ?Yo siempre he querido estudiar eso,.. Es como un hobby, ¿no? ...

Amor Estratigráfico
Tolerus Fatue Perpetuam vitae

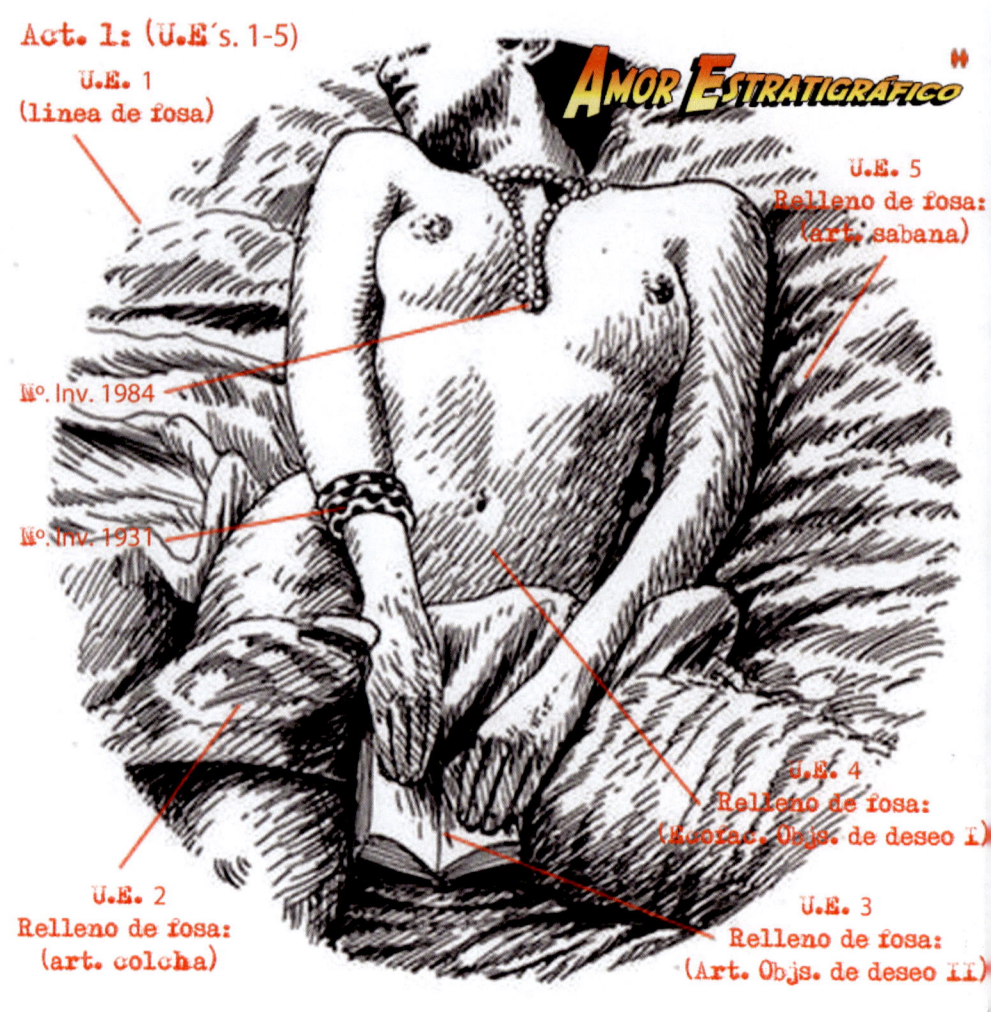

Lo que necesitas es AMOR Estratigráfico